竹村健一
逆転の成功術

元祖『電波怪獣』の本心独走

守護霊インタビュー

大川隆法
Ryuho Okawa

まえがき

とにかく竹村さんは異色の人だ。もともと頭のいい人なんだが、その短所を開き直ってみせて、自分の武器にかえてしまう技《わざ》がすごい。

しかし、根本的には勤勉な努力家であり、人心掌握術にたけていらっしゃるのだと思う。

若き日に私もニューヨークに総合商社の研修生として派遣された。日本語書店で売っていた青春出版社の『ビッグ・トゥモロウ』なんかに、竹村さんや渡部昇一さんがたびたび登場して、若い人たちに人生の成功法を教えているのを読んで、自分も五十代になったら、二十代の人たちに夢を語り、成功への希望を教えられる人間になりたいと思った。今、少し違った形ではあるが、私も若い人たちに未来への夢を語れる人間となった。

ニューヨーク時代には、「竹村健一・渡部昇一・堺屋太一の三ピン鼎談《ていだん》」の企画があって、各社の社長や重役、部長クラスが招待された。たまたま私の上役が商用があって、二十代半ばの私にチケットが渡された。セミナーでは、竹村さんが、サングラス風の眼鏡をかけて、パイプをくゆらせながら灰皿《はいざら》を探して動き回る動作がやけに印象的だったが、本質的にはシャイな人なんだなと感じた。

今回、このような形で守護霊インタビューをして頂くことになった。竹村式同時併行処理の技術は、私も三十年使わせて頂いたが、人生の生産性を高めるのに役立った。

この場を借りて感謝したい。

二〇一三年　四月二十四日

幸福《こうふく》の科学《かがく》グループ創始者兼総裁《そうししゃけんそうさい》　大川隆法《おおかわりゅうほう》

竹村健一・逆転の成功術　目次

「霊言現象《れいげん》」とは、あの世の霊存在の言葉を語り下ろす現象のことをいう。これは高度な悟《さと》りを開いた者に特有のものであり、「霊媒現象《れいばい》」(トランス状態になって意識を失い、霊が一方的にしゃべる現象)とは異なる。外国人霊の霊言の場合には、霊言現象を行う者の言語中枢《ちゅうすう》から、必要な言葉を選び出し、日本語で語ることも可能である。

また、人間の魂《たましい》は原則として六人のグループからなり、あの世に残っている「魂の兄弟」の一人が守護霊《しゅごれい》を務めている。つまり、守護霊は、実は自分自身の魂の一部である。したがって、「守護霊の霊言」とは、いわば本人の潜在《せんざい》意識にアクセスしたものであり、その内容は、その人が潜在意識で考えていること(本心)と考えてよい。

なお、「霊言」は、あくまでも霊人の意見であり、幸福の科学グループとしての見解と矛盾《むじゅん》する内容を含《ふく》む場合がある点、付記しておきたい。

竹《たけ》村《むら》健《けん》一《いち》・逆転の成功術

――元《がん》祖《そ》『電波怪《かい》獣《じゅう》』の本心独走――

二〇一三年二月二十三日　竹村健一守《しゅ》護《ご》霊《れい》の霊《れい》示《じ》

東京都・幸福の科学総合本部にて

竹村健一《たけむらけんいち》（一九三〇～）

評論家、ジャーナリスト、著述家。大阪《おおさか》府生まれ。京都大学文学部英文科を卒業後、第一回フルブライト留学生としてアメリカへ留学。毎日新聞社の英字紙「英文毎日」の記者と併行《へいこう》して、著述活動やテレビ・ラジオ番組等への出演をスタート。テレビ番組「竹村健一の世相講談」等では、お茶の間に向けて世相を分かりやすく説明し、大反響《はんきょう》を巻き起こす。その旺盛《おうせい》な活動ぶりから、〝ヤオヨロジスト〟〝電波怪獣《かいじゅう》〟〝アメーバ人間〟などの異名をとった。

質問者　※質問順

里村英一《さとむらえいいち》（幸福の科学専務理事・広報局担当）

綾織次郎《あやおりじろう》（幸福の科学理事　兼《けん》「ザ・リバティ」編集長）

［役職は収録時点のもの］

1　竹村健一氏の守護霊《しゅごれい》に「人気を集める秘密」を訊《き》く

人の気持ちを捉《とら》え、人気を集めて成功するには

大川隆法　昨日（二〇一三年二月二十二日）から、いろいろと考えていたことがあります。それは、幸福の科学の行事等に関することです。

例えば、「当会の支部長が、支部に人を集めて説法《せっぽう》をしても、あまり聴《き》きに来てくれないために悩《なや》んでいるらしい」という話を時折、耳にします。同じく、「精舎《しょうじゃ》の講師の話を聴きに来てくれない」とか、「海外の支部等でも、なかなか人が集まってくれない」とかいう話を聞くこともあります。

私は、「おそらく、彼らは、『どうすれば人が集まり、人気が出て、話を聴いて

くれるようになるのか』ということについて、何らかの指導が欲《ほ》しいのだろう」と思い、ウンウンと考えていたわけです。

やはり、人の気持ちを捉《とら》え、人気を集めようとする場合、一つには、「経営的な手法やマーケティング的な手法などを用いるやり方」があろうかと思います。また、もう一つには、「ソフトというか、その内容の打ち出し方や、それ自体の面白《おもしろ》さのようなもの」も重要ではあるでしょう。

ただ、さらにもう一つとして、やはり、「実際に、そうしたことについて、成功された方の意見等を聴いておくこと」も大切ではないかと考えました。

昨日、私の手元に届いた月刊「アー・ユー・ハッピー?」最新号(二〇一三年四月号)では、「人気がでる人の9の法則」を特集していましたが、もし、そうした人気の出方が分かれば、当会だけではなく、ほかのところにとっても大事な、現代における「成功の法」になるでしょう。

テレビやラジオで大活躍《かつやく》していた竹村氏

大川隆法　さて、竹村健一さんについては、すでにテレビ等から引退され、息子《むすこ》さんが活躍《かつやく》されるようになっていますので、若い人は、それほど知らないかもしれません。ただ、私たちの年代というか、五十歳《さい》から上の人たちには、非常によく知られた方だと思います。

竹村さんの名前が出てきたのは、東京オリンピックのころからですが、それは、日本の高度成長が始まっていくころでもありました。

ちょうど、オリンピックブームにあやかってテレビが普及《ふきゅう》していき、「テレビの時代」が始まってくるのですが、そのころから、長く、何十年にもわたってテレビに出続けられ、人気絶頂時には、一日に何局もハシゴをし、どのチャンネルをひねっても出てくるような状態が続いていました。

また、テレビだけではなく、ラジオにも出ておられました。

新聞は、昔も今も権威《けんい》があるかとは思いますが、ラジオについては、今とはイメージが違《ちが》い、テレビよりもラジオのほうに権威があったのです。今の人が聞けば少し驚《おどろ》くでしょうけれども、当時は、ラジオ局の就職試験を受けて落ちた人が、テレビ局に行っていました。「ラジオ局を受けて落ちたので、がっかりしてテレビ局に入りました」とか、「ほかのところに落ちたので、テレビ局に入りました」とかいうような時代だったのです。

まさか、しばらくすると、テレビのほうが、これほど力を持ち、人気が出てくるとは思わなかったでしょう。

その後、テレビ局に入るのは、極《きわ》めて難しくなったので、今では、そんなことなど、とても言えない状況《じょうきょう》です。おそらく、現在では、テレビのほうが活字媒体《ばいたい》（新聞、雑誌等）よりも強いのではないでしょうか。

「評論家」の地位や格を高めた立役者《たてやくしゃ》の一人

大川隆法　竹村さんは、そのテレビが全盛期に向かっていく時代において、「電波の操《あやつ》り方」「電波への乗せ方」という点で、第一人者的な才能を発揮された方ではないかと思います。

サブタイトルの「電波怪獣《かいじゅう》」という名称《めいしょう》は、ご本人も言っていたことではありますので、使わせていただきますけれども、本当に忙《いそが》しいときには、睡眠《すいみん》時間を四時間も取れないぐらい、テレビやラジオに出ていたようです。

彼の本格的デビューのきっかけは、東京オリンピックのころに書いた英会話の本です。必ずしも専門とは言えないかもしれませんが、『英語会話一週間』という本を出し、それがベストセラーになりました。当時は、「東京オリンピックが開催《かいさい》されて外国人が大勢来るので、英会話の勉強をしよう」といったブームが起きていたので、「一週間で英会話を覚える」というような本がヒットしたのでしょう。

そのあたりを皮切りに、その後、いろいろなジャンルに斬《き》り込《こ》んでいかれました。彼は、京大文学部英文科卒でありながら、政治や経済等、社会全体について、さまざまな評論活動に打ち込んでいかれたわけです。

「評論家」という言葉は昔からあったとは思いますけれども、どちらかといえば、「無責任な言い方をする人」というような揶揄《やゆ》する響《ひび》きがありました。「学者やジャーナリスト、作家などのほうが、権威のある堅《かた》い職業で、評論家はいいかげんなことをたくさん言う」というイメージがあったのです。しかし、竹村さんあたりが長く活躍されたおかげで、評論家にも、一定の地位や格のようなものが出てきたのではないでしょうか。

それまでは、一般《いっぱん》に、学者などのほうが偉《えら》いと思われていたのです。しかし、彼らは、実際には、専門分野の狭《せま》い範囲《はんい》についてだけは意見が言えても、それ以外については、まったく言えません。一方、評論家は、テレビに出た場合、あらゆることについて答えなくてはいけないので、幅《はば》広く勉強せざるをえないわけです。

そういう意味で、竹村さんには、別な意味での「知力」の大事さを感じさせられたところがあります。

新しい言葉を流行《はや》らせる「キャッチコピーの名人」

大川隆法　また、この方には、時代の趨勢《すうせい》とは反対のことを言う傾向《けいこう》があり、「日本の常識は世界の非常識」などの言葉をだいぶ流行《はや》らせたりしていました。

そういう意味では、新しい言葉を流行らせるような、キャッチコピーの名人でもあったと思います。

例えば、『5人の猛烈《もうれつ》なアメリカ人』の発刊をきっかけに、「モーレツ」という言葉もこの方が流行らせました。

今で言えば、日本を追いかけて高度成長期に入っている国などが、そういう感じなのでしょうけれども、当時の日本も高度成長している段階であり、人々が猛烈に働いて、お金が入り、羽振《はぶ》りもいい時代でした。

竹村さんは、そのころの象徴《しょうちょう》的な方だと思います。活躍期間も長くて、五十歳前後がピークだったのではないでしょうか。

ただ、「あまりに忙しく働きすぎたせいで足腰《あしこし》が立たなくなり、エレベーターの前で座り込んだりするぐらいまで弱ってしまったため、テニスを始めて体力をつくり直した」と言っておられたと思います。ソニーの創業者の一人である盛田《もりた》昭夫《あきお》さんとも一緒《いっしょ》にテニスをされていましたが、盛田さんが早朝テニスをしていて倒《たお》れてからは、それも言えなくなったようでした。

幸福の科学と竹村氏の「意外な関係」

大川隆法　竹村さんは、当会ともわりに関係がある方です。初めのころのことですが、『日蓮《にちれん》の霊言《れいげん》』（現在は『大川隆法霊言全集』第1巻および第2巻〔宗教法人幸福の科学刊〕として刊行）から霊言集を出し始め、六巻目にあたる『坂本龍《さかもとりょう》馬《ま》の霊言』（現在は『大川隆法霊言全集』第11巻として刊行）のなかで、龍馬さんが、「竹村健一というのは面白いと思うんだ。わしが、今の時代に出てきたなら、ああいうことを言うかもしらん」というようなことを言っていました。それを献本《けんぽん》したのだと思いますけれども、竹村さんから返事のハガキが来たのです。そこには、グニャグニャッとしたミミズの這《は》ったような字で、「なんか、脳天を割られたような、あるいは、禅《ぜん》の警策《きょうさく》で頭をバシーッと殴《なぐ》られたような、そんな衝撃《しょうげき》を受けて、もう打ちのめされた感じです」といった感想が書かれていたのを覚えています。

その後、『黄金の法』（幸福の科学出版刊）にも、竹村さんの名前が登場しています。「竹林《ちくりん》の七賢《しちけん》の一人、阮籍《げんせき》は、現代に、竹村健一という名前で生まれている」と書いてあるのですが、いろいろな人から献本されて困っただろうと思います（会場笑）。当会の会員やシンパの人たちから、「載《の》っていますよ」と言って、『黄金の法』ばかりを、たくさん送ってこられたり、手渡《てわた》されたりして、本当は、「あ、まただ」と思いながらも、「ありがとうございます」と受け取っていたようですから、けっこう、大変だったのではないでしょうか。

その阮籍についても、「どういう人かよく分からないので、知ってる人がいたら教えてくださいよ」などと、テレビやラジオで言ったりもしていたようです。

阮籍とは、「白眼視《はくがんし》」という故事のもとにもなった人で、「青眼《せいがん》（喜んで迎《むか》える目つき）と白眼を使い分け、好感を持った人には青眼で対し、嫌《きら》いな人には白目を剥《む》いた」ということで有名な人です。

これについて、ご本人には、非常に感ずるものがあったようで、「『気に入ったら、すごく持ち上げたりするのに、気に食わなかったら、そっぽを向いて、白眼視する』なんて、わしにそっくりや。こんな人は、ほかにはいない。本当に似てるなあ」と言って、少々驚かれていたようでした。

竹村氏に感じる「人材発掘《はっくつ》」への熱意

大川隆法　正確には覚えていませんが、一九九〇年か九一年のどちらかの年に、私は竹村さんから招待を受けたことがあります。彼は、箱根の仙石原《せんごくはら》に別荘《べっそう》を持っているようなのですが、「一度、ゆっくり話をしてみたいから、個人的に、一週間ぐらい、俺《おれ》の別荘へ来ないか。いろいろな話をして親交を深めようじゃないか」という、ありがたいお誘《さそ》いが来たのです。

それは、まことにありがたいことではあったのですが、そのころの私は、大講演会等の行事を数多く持ち、万人単位で開催していました。向こうは、「裏から表から、じっくりと研究したい」と思っていたのでしょうけれども、やはり、一週間も箱根に逗留《とうりゅう》して、お話をできるような状況ではありませんでしたので、丁《てい》寧《ねい》に、ご辞退申し上げたわけです。

この人の気持ちとしては、自分が何かを感じた人に対し、パトロンのようになって、世に出してあげたかったのでしょうし、実際に、数多くの人を紹介《しょうかい》し、世に出してもいました。

あの〝有名な〟ホリエモン（堀《ほり》江《え》貴文《たかふみ》氏）とも対談本を出しています。当時、「ええ!?　こんな人とも対談をするのか」と意外に思ったのですが、堀江氏が出てきて間もないころだったので注目したのでしょう。ただ、彼は、確かに一世を風靡《ふうび》しましたけれども、あとが、よくありませんでした。

竹村さんは、心が若く、いつも「新たな人材を発掘《はっくつ》しよう」という気持ちのあった方なのだと思います。

おそらく、私のことも発掘しようとされていたのでしょうが、それは、ちょうど、幸福の科学が急速度で上昇《じょうしょう》している時期でした。三、四年でガーッと上がってきている時期であり、ものすごく有名になる寸前のころだったのです。

私としては、個人的に紹介して売り出してもらうような感じを、あまり潔《いさぎよ》しとしなかった面もありましたし、組織として大きくしようとしてもいましたので、あえて、紹介の労を執《と》っていただかなかったわけです。

一九九一年ぐらいになりますと、だいたい、日本では、「大人で『大川隆法』を知らない人はいない」というぐらい、有名にはなっていました。広告代理店を通しての調査では、「八十パーセントは、『大川隆法』を知っている」という結果が出ていたのです。当時は、「幸福の科学」の認知度のほうが低くて、六十パーセント程度でした。一九九一年ぐらいでは、私の名前のほうが有名だったわけです。

ただ、そのころからが大変ではありましたね（注。一九九一年には、七月に東京ドームで御生誕祭《ごせいたんさい》を開催するなどして、かなり有名になったが、同時にマスコミからの批判が始まり、同年九月には、当会を誹謗《ひぼう》・中傷する記事を載せた「週刊フライデー」誌等に対する、信者たちの抗議《こうぎ》活動〔講談社フライデー事件〕も起きている）。

「バブル崩壊《ほうかい》」や「湾岸《わんがん》戦争」のころに評論家として節目を迎《むか》える

大川隆法　竹村さんは、東京オリンピックのころから活躍されてきましたが、「いわゆるバブル崩壊《ほうかい》の時期、あるいは、父ブッシュ大統領時代の湾岸《わんがん》戦争の時期あたりを境に、一つの節目を迎《むか》えた」という印象を受けています。

長い間、ご自分のテレビ番組を持っていたのですが、高度成長期に活躍された方だったので、時代が変わっていくときに、テレビ局から、少しだけ後退した扱《あつか》い方をされるようになった気がします。

ちなみに、大臣や自民党の党三役にもなった、政治家の小池百合子《こいけゆりこ》さんは、「竹村健一の世相講談」という番組で、竹村さんのアシスタントを長らく務めていました。彼女は、竹村さんの隣《となり》に座って、ほとんど、うなずいていただけだったのに、その後、偉くなって大臣にもなったわけです。そんな時代ではありました。

その後、バブル崩壊が直撃したのかと思います。

その前には、日本の地価が非常に上がっていたため、土地やマンションを買って資産を増やすことが強く勧《すす》められていました。邱永漢《きゅうえいかん》氏も、「マンション転がし」を積極的に勧めていたと思います。

竹村さんなども、「これからは、『リゾート&リサーチ』の時代だ。沖縄《おきなわ》等のリゾート地を買っておけば絶対に儲《もう》かる」というようなことを主張していました。

また、同じころ、盛田昭夫氏も、海外を回って帰ってきて、「大変だ。『日本人は働きすぎだ』と批判された」と言っていました。それは、ちょうど、ソニーがコロンビア・ピクチャーズというアメリカの映画会社を買収したため（現ソニー・ピクチャーズ）、「日本が、アメリカの魂《たましい》を買った」「アメリカの中心部を攻《せ》めてきた」と言って、アメリカから非難や攻撃を受け始めたころです。

そんなこともあって、「日本人は働きすぎかもしれないから、もう少し遊ぼうか」と言い出したわけですが、そのころにバブル崩壊が来ました。

竹村さんは、土地やマンションの購入《こうにゅう》、「リゾート&リサーチ」等を勧めていたこともあり、評論家として衝撃を受けたのではないかと思われます。

また、湾岸戦争のときも、そうです。

イラクがクウェートを攻めたときに、「多国籍軍が、イラクと戦争をするかどうか」という緊張《きんちょう》が高まりましたが、竹村さんは、直前まで、「戦争はないでしょう」と言い続けていました。

ところが、戦争が始まってしまったために、いささか、ショックを受けたようです。ある程度、平和が続いていたので、「まさか」という感じだったのでしょう。「あのソ連との冷戦にも勝ち抜《ぬ》いたアメリカ相手に、サダム・フセインが退《ひ》かずにいる」というのは、さすがに信じられなかったのではないでしょうか。

「まさか、勝てるわけもないのに、イラクは戦争をするはずがない。当然、フセインは謝《あやま》って退く」と思っていたから、「戦争はないだろう」と言っていたのですが、実際には戦争が始まってしまったわけです。

それまで、だいたい時事的なことを中心に発言してきただけに、これもショックだったようで、その後、「賢者は歴史に学ぶ」などと言い出し、昔の歴史に関することを、ずいぶん言い始めたのを覚えています。

このあたりが転換期《てんかん》で、少し厳しかったころではないでしょうか。やはり、何事もピークを長く続けるのは厳しいことだと思います。

「湾岸戦争《わんがん》」の読みを的中させた長谷川慶太郎《はせがわけいたろう》氏

大川隆法　一方、同じころ、長谷川慶太郎《はせがわけいたろう》さんも、湾岸《わんがん》戦争について発言しました。

この方は、年齢《ねんれい》的には竹村さんよりも下というわけではないのですけれども、五十代から出てきた遅咲《おそざ》きの評論家です。

彼は、朝七時台のテレビ番組に、毎週、コメンテーターとして出ており、直立不動で話しながら、時事問題を斬っていました。

その朝の番組で、「本日、多国籍軍は攻撃を開始するはずです」というようなことを言ったのです。テレビ局としては、生放送でそんな発言をされたものですから、大騒《おおさわ》ぎになりました。「もし始まらなかったら、どうするんだ」ということで困ってしまい、オロオロしていたのですが、実際に、その日のうちに戦争が始まったため、その発言は的中したわけです。

彼は、もともと株屋さん（証券アナリスト）だったので、そういう勝負心があったのではないでしょうか。

多国籍軍の展開の仕方や、戦闘《せんとう》に有利な気象状況など、そうした軍事知識をもとに判断し、「戦争開始は今日になる」と言って、的中させたのです。それは、驚きの出来事ではありました。

さらに、彼は、戦いが短期間で終わることまで予想していました。中東評論家をはじめ、たいていの方は、「戦争が始まったら、ベトナム戦争のような泥沼《どろぬま》になるだろう」と言っていたのですが、長谷川さんは、「兵器性能の差を考えれば、短期間で終わってしまう」と言っていたのを覚えています。

「時代の変化」を見破ることは難しい

大川隆法　私も、「短期間で終わる」と予想はしていたのですが、その後、だいたい、彼の言うとおりになったのを見て、「やはり、国際情勢を判断するには、軍事知識が必要なのだ」ということを実感しました。

「戦争が好きかどうか」ではなく、軍事知識がないと、国際情勢や国際政治の判断ができないわけです。実際、日本の外交官なども、軍事知識が足りないせいで、どうすればいいかが分からず、右往左往《うおうさおう》していました。

そういうことを、ずいぶん感じた私は、その後、注意して、二十年以上にわたり、軍事的なことについての勉強を個人的に続けてきたのですが、そうすると、確かに、ニュース等では分からないところが、いろいろと分かってくるようになったのを覚えています。

ただ、長谷川慶太郎さんも、バブル崩壊については、少なからずショックだったように見受けられました。

竹村さんも、「『東京の地価でアメリカが買える』というのは、いいことではないか。それくらいに地価が上がれば、外国資本が日本に参入できなくなる。つまり、買収や土地の購入、建物等を建てるなどしてまで入ってこれないから、かえってブロックになっていいのではないか」というようなことを言っておられたことがあったと思います。

やはり、時代が変化していくときに、「それが一時的なものなのか、長期的なものなのか」を見破ることは、なかなか難しく、けっこう厳しいところがあるのではないでしょうか。

横柄《おうへい》な外国人ゲストをこらしめたエピソード

大川隆法　そういうことを含《ふく》めたとしても、竹村さんは、トータルでは長らく評論活動をされましたし、六百冊に及ぶ本を出されています。

また、「日本で、総理大臣以上に影響力《えいきょうりょく》のある評論家」として知られていたこともありました。

実は、かつて、『ニューズウィーク』が一ページを竹村氏に割《さ》いて、「日本では首相よりも力のある男」という記事を書いたことがあるのです。

それに関しては、確か、「竹村健一の世相を斬る」という番組だったと思いますが、こんな話があります。

ゲストとして登場した外国人が非常に威張っていて、足を組んで座り、ふんぞりかえって、「日本人など相手にしていられない」という感じでいました。そのとき、あまりに向こうが横柄《おうへい》な態度を取るので、竹村さんが、自分の顔の載った、その『ニューズウィーク』の記事を、「はい！」と言って見せたら、相手の顔色がサーッと変わり（会場笑）、真っ青になって、急に態度が小さくなってしまったのです。そのことを覚えています。

「相手が威張って高飛車《たかびしゃ》に出てくるときに、勝負というのは、こんな感じでやるのだ」というのを見せてもらい、「なるほど。面白いなあ」と思ったものです。まさに、「白眼視」をした例かもしれません。

このように、いろいろと面白みのある方で、親交を結ぶところまでは行かなかったのですが、徳島の阿波踊《あわおど》りでは、幸福の科学連に参加してくれたりしていますので、親近感を持ってはくださっているのではないでしょうか。陰《かげ》ながら応援《おうえん》してくださっているものと思い、感謝申し上げております。

「独自流の知的生活」で道を拓《ひら》いてきた竹村氏

大川隆法　この人が世に出るきっかけになったものは、おそらく、「英語力」だと思います。

京大文学部の英文科卒ですけれども、在学中、大学に行っておられたかどうかはよく分かりません。学生時代には、アメリカ進駐軍《しんちゅうぐん》の基地で、バーテンダーや通訳をしてアルバイト代を稼《かせ》ぎ、その後、毎日新聞社発行の英字紙である「英文毎日」の編集部でもアルバイトをしたようです。

こうした、米軍基地で通訳として働いたり、「英文毎日」で記事を書いたりした経験等があって、第一回のフルブライト留学生に選ばれたのでしょう。当時は、大学の教授や助教授等が申し込んで、バタバタと落ちていたはずですから、これに選ばれるのは、そうとう難しかったと思います。

例えば、明治維新《いしん》後に海外へ留学することには、ものすごい値打ちがありましたが、戦後間もないころも、そうでした。日本は貧しく、外貨の統制もあって、「海外へ行く」というのは、そうとうなことだったのです。それは、昭和三十年代であっても、「そのまま死ぬかもしれない。家族との永遠の別れだ」というぐらいの悲壮《ひそう》感があることでした。

そのころに、フルブライト・アメリカ上院議員（当時）が提案した制度により、第一回の留学生として、一年間、アメリカ留学させてもらったことは、たいへんな栄誉《えいよ》だったでしょう。

竹村さんは、帰国後、その語学力を生かし、英会話の本を書くなどして世に出てきて、その後はラジオでも、英語で外国人と対談したりして売り出していき、だんだん活躍の間口を広げていったのです。

以上、若い方が知らないこともあるかと思い、竹村さんについて、アバウトにその全容をお話ししました。

私の学生時代、あるいは、サラリーマン時代等には、竹村健一さんや渡部昇一《わたなべしょういち》さんなどがさまざまに論陣《ろんじん》を張っていて、多くの感化を受けた覚えがありますし、「言論や知識が、これだけ大きな力を持つのだ」ということを感じました。

竹村さん自身、もともと頭のいい方ではありましょう。ただ、当時は、だいたいの人が、「『頭がいい』というのは、学校の成績がよく、いわゆるエリートコースに乗ることなのだ」と考えていたような時代であったにもかかわらず、彼は、それとは少し違った感じの方でした。

いろいろな意味で、「独自流の知的生活で道を拓《ひら》いていく生き方がある」ということを勉強させていただいたように思います。

今の私には、そのような若いころに受けた影響も、少なからず出ているのかもしれません。

それでは、「前置き」は、これくらいにしておきましょう。

評論家・竹村健一氏の守護霊を招霊《しょうれい》する

大川隆法　（質問者たちに）二人とも、年齢的には、この人を知っている年代ですよね。

里村　はい。もちろんです。何回か、お邪魔《じゃま》させていただいたこともございます。

大川隆法　ああ、そうなんですか。当会には、五十歳以上の会員も大勢いらっしゃるので、そのあたりの方には懐《なつ》かしい人物だと思います。

里村　はい。非常に人気が高い方です。

大川隆法　いつも、「逆発想」などの面白い発想をされる方ですので、おそらく、守護霊も似たようなタイプではないでしょうか。

先般、谷沢永一《たにざわえいいち》さんの霊言として、「幸福実現党に申し上げる」を収録したときも、けっこうすごかったですけれども（『幸福実現党に申し上げる――谷沢永一の霊言――』〔幸福実現党刊〕参照）、今回も、目茶苦茶《めちゃくちゃ》を言ってくださって構いません。思うところを言っていただければよろしいかと思っています。

どなたが守護霊として出てくるか、分かりませんが、いちばん適性のある方にお出《い》でいただければありがたいと思います。

（瞑目《めいもく》し、合掌《がっしょう》する）

それでは、評論家、竹村健一さんの守護霊をお呼びしたいと思います。

評論家、竹村健一さんの守護霊よ。

どうぞ、幸福の科学総合本部に降りたまいて、われらに、その意見をお聴かせくださるよう、お願いいたします。

世間《せけん》の多くの人たちを啓蒙《けいもう》していただきたく、ご意見を賜《たまわ》りたいと思います。

評論家、竹村健一さんの守護霊よ。

（約五秒間の沈黙《ちんもく》）

2　「幸福の科学との縁《えん》」を語る竹村守護霊

「呼ぶのが遅《おそ》すぎる」との叱責《しっせき》に始まる

竹村健一守護霊　（咳払《せきばら》い）だいたいやねえ、遅《おそ》すぎるんや。ええ？（会場笑）僕《ぼく》を呼ぶの、遅すぎるんとちゃうか？

里村　本当に申し訳ございませんでした。

竹村健一守護霊　もうちょっと早《はよ》うないといかん。

里村　はい。

竹村健一守護霊　引退してから呼ぶっちゅうのは、あかんがな。言いたいことが、テレビに出て言えんじゃないか。

里村　本当に遅くなりまして申し訳ございません。

竹村健一守護霊　ちょっと遅いんや。日下《くさか》さんを先に出すのは、やっぱり問題あるんとちゃうか（『日下公人《きみんど》のスピリチュアル・メッセージ』〔幸福の科学出版刊〕参照）。評論家としては、僕のほうが先やで。

里村　はい。

竹村健一守護霊　なあ？　順番は、そうなんじゃないか。うーん。ちょっと、ちょっと、ちょっとだけ色眼鏡《めがね》をかけとるんとちゃうか？

里村　いやいや、そんなことはございません。

竹村健一守護霊　うん？　うーん。

里村　「大トリ」とは申しませんけれども、本当に大物中の大物でいらっしゃいますので……。

竹村健一守護霊　こんなん出したら、あんた、「もう死んだんや」「霊言《れいげん》や」と思うて……。

里村　いえいえ（会場笑）。

竹村健一守護霊　みんな、葬式《そうしき》に駆《か》けつけてくるんちゃうか。ああ？

里村　いえいえ。これからも、ぜひ、ご指導を仰《あお》ぎたいと思っております。

今日は、竹村先生の守護霊様に、幸福の科学総合本部にご降臨いただいたわけでございますので、よろしくお願いいたします。

竹村健一守護霊　うん、遅かったよなあ。

里村　はい。すみません。

善川《よしかわ》三朗《さぶろう》名誉《めいよ》顧問《こもん》との思い出

竹村健一守護霊　今は何年？

里村　二〇一三年です。

竹村健一守護霊　一三年やろ？

里村　はい。

竹村健一守護霊　大川さんと〝あれ〟したのは、うーん、一九八六年か七年ぐらいで、そのころから、もう交渉《こうしょう》はあったんや。お父さんの善川三朗《よしかわさぶろう》先生とも会《お》うたんやね。

里村　ええ。徳島のほうでお会いされたことを、私も、竹村先生からお伺《うかが》いしました。

竹村健一守護霊　そうなんや。

徳島で講演会があったんでさ。

さっき言うてた、坂本龍馬《さかもとりょうま》先生の霊言に、なんか、わしの名前を出してくれてなあ。

（龍馬の霊が）「面白《おもしろ》いやつや」って言うてくれてな。（龍馬に）「今やったら、何しますか？」と訊《き》いたら、「あんなふうな評論家でもやるかも分からんな」みたいなことを言うてくれた。

その本が送ってこられたのを見て、ガーンときたんや。だけど、善川三朗さんっちゅうのは、住所を調べても、「そんな人は住んどらん」と言われてなあ。だから、（講演会の）主催《しゅさい》者の生命保険会社に本名まで調べさせて、ゲストとして来てもろうたんや。

それで、座ってもろうて、「今日は、偉《えら》い坊《ぼう》さんに来てもらいました」みたいな感じでやったんやけど、なんか、お父さん（善川三朗）には、わしの印象が、そんなに、ようなかったみたいや。わしは、ちょっといいかげんっちゅうか、ザッとしとるからさ。

里村　いえいえ。

竹村健一守護霊　だから、どうも息子《むすこ》さん（大川隆法）のほうに、「すぐ会わんでええぞ」と言うたようで、わしは会い損《そこ》ねたみたいなんだ。印象が悪かったんや。

里村　いえいえ。

竹村健一守護霊　あの、キャバレーみたいな所に連れていったんが悪かった。

里村　（笑）

竹村健一守護霊　善川三朗先生は、あんな所に連れていったらあかん人だったよな？　すごく真面目《まじめ》な人だから。

里村　いや、私が伺った際、竹村先生ご自身も、本当に懐《なつ》かしそうに、善川先生とお会いした話をされていました。

竹村健一守護霊　それがな、スタンドみたいな所で酒を飲んでて、女の子が来るから、わしは、女の子のお尻《しり》を触《さわ》ったりしとったんや。そうしたら、やっぱり、怒《おこ》ったっちゅうか、あっちも白眼視《はくがんし》したっちゅうか、「こんな低俗《ていぞく》なやつか、竹村健一って。（首を横に振《ふ》りながら）ターッ。宗教家が会うような人でない。もう見たら分かるわ」っちゅうような……。

里村　いえいえ。先生、その話は、もうそのへんで……（会場笑）。

竹村健一守護霊　ああ？　いやいや（会場笑）。

里村　自ら、そんな（笑）……。

竹村健一守護霊　わしは、自己紹介《しょうかい》しとるだけやねん。

里村　はい。

竹村健一守護霊　わしはね、そういう飾《かざ》らん人間なんや。な？　だから、ええとこ見せようとしてるんじゃなくてだな、そうやって、「飾らない、気取らない、肩《かた》の力を抜《ぬ》いて、フリーに意見を言えるようにしよう」というのが、わしの流儀《りゅうぎ》やからさ。

里村　そうでございます。ええ。

竹村健一守護霊　うーん。だけど、お父さんのほうは、ちょっと堅物《かたぶつ》やったからさ。

里村　いえいえ。

竹村健一守護霊　ぶりぶり、ぶりぶり言うて。

里村　いやいや。

竹村健一守護霊　こんな霊言集を、（硬《かた》い表情で本を書くしぐさをしながら）「うーん、うんうん」って書いてたので、（首を激しく左右に振り）ブルブルブルブルっていう感じだったんとちゃうかなあ。

竹村氏守護霊は「竹林《ちくりん》の七賢《しちけん》」の一人である阮籍《げんせき》か

里村　いや、私も隣《となり》の綾織も、実際に事務所にお邪魔《じゃま》しまして、竹村先生に直接お会いしていますけれども、本当に気さくにお話しくださいました。「白眼視されるのではないか」と心配していたのですが（笑）、そういうこともなく……。

竹村健一守護霊　まあ、「霊界《れいかい》からほめてくれる」なんちゅうのは、史上初のことじゃなかったかなあ。

里村　ええ。霊言も数多くあるんですけれども、竹村先生は、極《きわ》めて希有《けう》な事例でございまして……。

竹村健一守護霊　おお……。

里村　現在、活躍《かつやく》していらっしゃる方の過去世《かこぜ》が明らかにされ、そのご本人に、「ご自分の過去世について、どう思われますか?」とお伺いさせていただいた、希有な例でございます。

ところで、竹村先生ご本人は、過去世である阮籍《げんせき》様、あるいは、コジモ・デ・メディチ様について、「自分と似てるなあ」と、おっしゃっていました。

今日は冒頭《ぼうとう》で、守護霊様にお伺いしたいのですが、過去世のお立場から、地上の竹村先生をご覧になって、「やっぱり似ている」とお感じなのでしょうか。

竹村健一守護霊　名前は似てるわなあ。「竹林《ちくりん》の村」みたいな名前だから、「竹林の七賢《しちけん》」から取ったんやろな。竹村姓《せい》のところを選んで生まれたんちゃうかなあ。

里村　ということは、今、お出《い》でくださっているのは、阮籍様でいらっしゃいますか。

竹村健一守護霊　もう言わんでもええやろうが。

里村　ええ（笑）。だいたい分かりました。

「幸福実現党を応援《おうえん》してやりたかった」という本音

竹村健一守護霊　だいたいやねえ、君ら、取材する者《もん》としては、ほんま気合いが入《い》っとらんわ。目端《めはし》が利《き》いてないっちゅうか、優先順位がな。

わしの活躍したときに、もっと熱心にアプローチをかけてきたら、幸福の科学の応援《おうえん》をガンガンしてやった。そうすれば、幸福実現党が、あんなに苦労することはなかったんや。

わしが現役《げんえき》時代に応援してやったら、もう、バンバン通ったんや。テレビにいっぱい出してやったのに。

里村　はい。

竹村健一守護霊　立木《ついき》前党首なんかも、わしの番組にでも出てたら、バンバンに通っとったんだよ。決まっとるやないか。

わしみたいなパトロンがおらんときに政党を立てるっちゅう、このズレがいかんわ。これは遅《おく》れとるね。

里村　いえいえ。まだまだ、これからです。

竹村健一守護霊　わしやったら通しとるねん。もう大臣やっとるわい。

里村　今日は、「逆転の成功術」というタイトルでございますので、竹村先生の……。

竹村健一守護霊　君ら、その遅れがいかん。遅れを反省しなさい、遅れを。全体に遅れる傾向《けいこう》がある。これは三流官庁の遅れ方をしとるなあ。

用心深いと言やあ、用心深い。しかし、目端が利かんっちゅうか、だいたい、獲物《えもの》を探す嗅覚《きゅうかく》が足りんな。うん、あかんわ。

これはねえ、うーん、もうちょっと、自分たちで、こう……。豚《ぶた》でもイノシシでも、鼻で土をこうやってタケノコぐらい掘《ほ》るんだから、そんな感じの力が要《い》るわなあ。

3 「竹村流・逆転の成功術」とは何か

正統派のエリートではないことに起因する「頭のよさ」

里村　まさに、そのへんをお伺《うかが》いしたかったのですが、竹村先生の今世《こんぜ》の活躍《かつやく》を拝見していますと、非常に早いですよね。

竹村健一守護霊　当たり前や。

里村　例えば、マーシャル・マクルーハン（カナダ出身の英文学者・文明評論家）のメディア論も、いち早く日本に紹介《しょうかい》されました。

竹村健一守護霊　人より早くやらんかったら意味ないやん。

里村　その早さの秘訣《ひけつ》は、いったい、どういうところにあるのでしょうか。

竹村健一守護霊　それが、「頭がええ」っちゅうことやんか。

里村　それは、どういう頭のよさなのでしょうか。

竹村健一守護霊　その頭のよさは、要するに、「正統派のエリートでない」っていうことから来てるんや。正統派では、そんなに大して出世できそうにないからさ。人のやらんことをやらなきゃいかん。そうせんかったら目立たへんやん。

人のやらんことをやったら目立って、そういう意味で注目されて、チャンスが増えて、収入の機会も増えるわけや。

それで、年を取ったら世界一周クルーズに出れるわけやな。君らは出れへんで。退職金が少ないから無理や。老後の資金で貯《た》めとかなあかん。ジーッてな。

里村　退職金など考えてはおりませんけれども……（笑）。

竹村健一守護霊　アッハハハハハ。

「飽《あ》きっぽさ」をも成功のきっかけに変える

里村　いわゆる出世エリートのような頭のよさとは違《ちが》うものがあるわけでしょう

か。

竹村健一守護霊　それは違うのよ。

わしはな、飽《あ》きっぽいんや。飽きっぽいんで目移りするねん。次々、いろんなことに目移りするから、この性格で、若いころは、いちおう悩《なや》んだのは悩んだ。でも、こんな性格、もう、どうにもならんっていうかな。

やっぱり一つのことをずーっとやっていって成功するのが、普通《ふつう》の成功者の王道やろ？

わしは、すぐ気が変わって、いろんなものに目移りしていくんで、「こんな性格、どうしようか」と思ったけど、そしたらテレビ時代が始まったんや。あのテレビのコマーシャルを見てみなさいよ。全然関係ないのを、パラパラ、パラパラかけてくるじゃない？　あの〝パラパラ時代〟と、ちょっと合ってきたんだね。

意外にね。

里村　竹村先生は、「飽きっぽい」とおっしゃって、いつも謙遜《けんそん》されますけれども……。

竹村健一守護霊　うん、飽きっぽいんや。

里村　それは、言葉を換《か》えれば、ものすごく好奇心《こうきしん》が旺盛《おうせい》なわけで、そのへんのことを、ご自分で〝怪物《かいぶつ》〟と評しておられました。

竹村健一守護霊　そりゃあ、言葉を換えれば、「女の子は、いろんな女の子がええで」っていうことやな。わしは、「一人の女性に入れあげて一生過ごす」なんて、考えられんわ。普通、飽きるだろう?

里村　飽きます、飽きます。もう私は……(会場笑)。

竹村健一守護霊　なんで、あんな制度が根付いとるんや。ほんま、分からんもんやなあ。

里村　ええ。

「劣等感《れっとうかん》」を、どう受け止めていたのか

綾織　すみません。女性のところで言いますと……。

竹村健一守護霊　君、何？　得意なんか？

綾織　はい？

竹村健一守護霊　そっちの方面は得意なの？

綾織　いえいえ（笑）。里村さんのほうが専門ですから。

竹村健一守護霊　得意なんやったら、ちゃんと取材しなさいよ。風俗《ふうぞく》が得意な宗教なんていうのは珍《めずら》しいから。

里村　（苦笑）そんなことはありません。

竹村健一守護霊　これは、「ザ・リバティ」が飛ぶように売れるでえ（会場笑）。

綾織　まあ、女性に関して言いますと、外見的には、若干《じゃっかん》、必ずしも、いい方向ではない……。

竹村健一守護霊　何？　わしのこと？　わしのことか。

綾織　すみません。あのー（笑）……。

竹村健一守護霊　いや、ほんなことはない。これが、もてるんや。テレビに出とると、「竹村先生、お越《こ》しやす」言うて寄ってくるんや。君、全然ちゃうんや。

人間を外見で見るのは、それは素人《しろうと》の見方で、玄人《くろうと》っちゅうのは中身で見るからさ。当代一流の、評判の論客《ろんかく》っちゅうか、ジャーナリストっちゅうか、評論家っちゅうか、そういう人とは、みんな、握手《あくしゅ》もしてみたければ、サインも欲《ほ》しいわな。だから、「サインしてください」って持ってくるよ。

綾織　成功されてからはそうだと思うのですが、最初の時点では……。

竹村健一守護霊　あっ、昔の話か。

綾織　性格や外見などに対して、劣等感《れっとうかん》を持たれていたところもあるのではないでしょうか。

竹村健一守護霊　そんなに悪いかなあ。あっ、年を取ったら、頭の毛が薄《うす》うなっとるわなあ。

綾織　いえいえ。オリジナルの外見でいらっしゃいますので、そんな……。

竹村健一守護霊　君、ちょっとかっこええと思うて、うぬぼれとるんとちゃうか。

綾織　いえいえ（笑）（会場笑）、そんなことはありません。

竹村健一守護霊　君、あかんで。宗教では、そういう慢心《まんしん》を取るのが修行《しゅぎょう》なんや。それは、あかんでえ。

（里村に）この人なんか、謙虚《けんきょ》だから、うぬぼれてない。

里村　うぬぼれるようなものはありませんから。

竹村健一守護霊　だから、出世しとるねん。

里村　いえいえ。

時代を先取りしていた「時間の使い方」

綾織　そのへんについては、人生における「逆転の成功術」という意味で、どういう考え方が大切なのでしょうか。

竹村健一守護霊　要するに、わしは、ちょっと英語が読めたり聞けたりしたんで、いち早く、「日本より進んでる国が、どういうふうになってるか」を見聞して、その後もアンテナを張っとったから、「こんなふうな社会になるだろう」っちゅうことは、ある程度、予見できたわけよね。

そういう意味では、「アメリカ通だ」っちゅうことが、大きかったことは大きかったけどね。

それから、「とにかく変わったことをやらなあかんのだ」ということと、今、大川さんも言うとるんやろうけども、「時間の使い方」のところやろな。ここに、いち早く、目をつけていった。

時間が無限にあったような時代に、「いかにして、一日の時間を重層的に使っていくか。同時併行《へいこう》型で、いろんな仕事をやっていくか」みたいなことを言ったわけだ。

準備時間を短くして、いろんなことを片づけていったりな。例えば、コーヒーを入れながら歯を磨《みが》くとか、そういうことでも、当時の日本人にとって、すごく珍しかったのよ。

里村　なるほど。

竹村健一守護霊　今の人が聞いたら、どう思うか知らんけどさ。昔は、「洗面は洗面。コーヒーを入れるときは、コーヒーを入れる」みたいな感じやったんや。そういう時代に、「コーヒーを入れながら、歯を磨く」とか、「顔を洗う」とか、同時併行で、いろんなことをするのを、だいぶ勧《すす》めたわな。

それは、時代を先取りしてるようなことだったんだけど、当時の日本人にとって、時間は、そんなに貴重なものではなく、のんびりしとったわな。とにかく、ほんと、のんびりしとった。

劣等感《れっとうかん》を力に変える「成功のツボ」とは

里村　竹村先生には、「劣等感《れっとうかん》の塊《かたまり》であったけれども……」

竹村健一守護霊　そりゃそうだよ。

里村「それを逆に力に変えた」というお言葉がありました。

竹村健一守護霊　そのとおりだよ。それが、君、「逆転の成功術」やろうが？
君なんかがモテモテになったら、同じことが起きるわな。

里村　いや、もう、ぜひ、そこを……。

竹村健一守護霊　教えてほしい？

里村　ええ（会場笑）。多くの日本人が劣等感で悩んでおりますので。

竹村健一守護霊　それはな、ツボがあるのよ、成功のツボが。

やっぱり、女の子を触《さわ》るときにも触る場所があって、ええ所を触らなあかんのや。変な所を触ったら怒《おこ》るからさ。ええ所を、ちょっとだけ、サッと触ってやるのよ。そしたら、ググッとくるんや。魚釣《つ》りと一緒《いっしょ》やからな。針が引っ掛《か》かると、クッとなるやろ？

それで、「まあ、先生、いやらしいわあ」と言われながら、人気が出てくるような術《じゅつ》を覚えないかんけども、「ほんまにいやらしいおじさんや」と思われたら、警察行きになるからな。

里村　その「ツボの押《お》さえ方」ですが、あのー、女性のツボではなくて……。

竹村健一守護霊　いや、女の話はやめよう。これ、ようないな。ようない、ようない、ようない。

硬派《こうは》で行こう。今日は硬派だ。

「劣等感《れっとうかん》」をバネにして成功せよ

里村　「劣等感《れっとうかん》を、いかにして成功への力に変えるか」ということについて教えてください。

竹村健一守護霊　いや、活躍したりする人は、みんな劣等感のある人ばっかりやで。わしらの年代になったら、もう、みんな知っとる。わしらの年代でなくて、もうちょっと若くても、五十歳《さい》ぐらいになったら、だいたい、みんな知っとるよ。世間《せけん》で頭角を現してる人たちは、若いころから、何かの劣等感で悩んだ人ばっかりじゃ。新規事業で成功した人なんか、みな、そうやね。

孫《そん》さん（孫正義《まさよし》氏）も、韓国《かんこく》系か？　育ちは、九州ですごく苦労されてね。親や、じいさん、ばあさんの時代には、ひどい生活を見てきたけど、アメリカへ留学して、発明家みたいにいろんなものをつくって、事業を起こして、それで今、あんな大きくなってやっとるんだろ？

あれには、「そういう生《お》い立ちの劣等感を晴らしたい。日本人を見返してやりたい」っていう気持ちもあるやろうね。わざと、名前を日本名にしないでやったりするしさ。

おそらく、楽天の、あの先生、何ちゅうたかな?

綾織　三木谷浩史《みきたにひろし》さんですか。

竹村健一守護霊　ああ、三木谷も、エリートのふりしてやっとるけど、本当は劣等感の塊やで、たぶんな。これは言っちゃいかんのかもしらんけどさ。いちおう、ハーバード(大学大学院)に留学したことになっとるから秀才《しゅうさい》なんやろうけどさ。

ただ、今はないから、若い人は知らんかもしらんけど、(最初に入ったのは)日本興業銀行(現みずほ銀行)だろ? まあ、興銀なんちゅうのは、新卒の六割は東大卒を採ってたから、「一橋《ひとつばし》大あたりで、テニス部の部長をやってた」っちゅうのは、体力要員で採用されたに決まっとる。

「体力のある人も一人ぐらいは要《い》る」っちゅうぐらいの理由で採られたのが分かってるから、たぶん、猛烈《もうれつ》に英語を勉強して、社内試験でええ成績を取って、東大卒のやつらに勝ち、それで留学して、向こうで箔《はく》を付けて帰ってきて、スピンアウトして起業したんだろう。

でも、そうは言ったって、絶対、若いころに屈折《くっせつ》しとるよ。間違いないわ。

ほかにも、そんな人は、いっぱいいるよ。

そういう、「若いうちに屈折した」だの、「劣等感を持ってた」だのっていうのがバネになって、それが事業の成功とか、いろんなものにつながっとるわけだ。

あるいは、政治家なんかになる人も、そんなタイプが多いけどな。

あんまり、サラリーマン適性が高いっちゅうか、「サラリーマンや役人で順調に出世しそうなコースに早く入って、そのまま、可もなく不可もなく、あるいは、失敗だけがないような人生を生きてる」っていうような人にとっては、そういう生き方はできないけど、「このままではホームランを打てない」と思うような人が、逆転の発想をかけてくるんだよな。

ほかにも、そういう人は、いっぱいいるよ。大事なことなんだ。

まあ、わしが言っちゃいけないとは思いつつも言ってしまうけど、大川隆法さんだって、東大法学部を出て、こんな新興宗教の教祖になるなんて、恥《は》ずかしゅうて同窓会に出れないでしょう。

今は違うかもしらんけどね。今だったら上座で、床《とこ》の間のほうに座る可能性はあると思うけども、若いころは、「ええっ？　いくら何でも、商売の選び方を考えたほうがええんとちゃうか」って言われたやろうなあ。

4　人気を得るための「二つの秘訣《ひけつ》」

「流行を見抜《みぬ》くこと」と、「分かる言葉で話すこと」

綾織　「人の行かない道を行く」というのは、大きな成功の秘訣《ひけつ》の一つだと思うのですが……。

竹村健一守護霊　それはそうだよ。人の行かない裏道に、金貨は落ちとるんや。そりゃあ、そうだ。

綾織　そうした道を歩むと、最初は人に理解されないわけですけれども、そこから成功に向けて、だんだんと人気を得ていく秘密とは、どのようなものなのでしょうか。

竹村健一守護霊　まあ、二つあるな。

一つは、「世間《せけん》で起きる事象や、いろんな出来事のなかで、いち早く、『次に来るもの』を知って、これに着目する」っていうところね。

アメリカとか、いろんな所を見て、自分には感じるものがあったし、例えば、みんなが、よく知らないうちに、「次に、こういうものが流行《はや》ります」とか、「若い人だったら、次は、この人が成功して出てくる」とかいうようなことをいち早く感知し、察知して注目するわけや。

それが、そのとおりになっていけば、「ああ、本当なんだ。あの人には、見る目があるなあ」っちゅうので、みんな注目するよな。そういう、「発言に重みがあって、みんなが注目する」っていうことが一つにはある。

それから、もう一つは、「専門的なことを、いかに分かりやすく話ができるか」ということや。

わしは、女性に、ものすごい人気があったんだよ。

例えば、女性には、経済とかが、あんまり得意でない人が多いから、テレビで経済の話とかし始めると、急に分からなくなる人が多いわな。

だけど、わしが説明したら経済の話がよう分かるわけ。もう、若い人から年寄りまで、それから中年のおばさんまで、わしが説明すると、よう分かるわけよ。

前に「週刊こどもニュース」やってたお父さん（池上彰《いけがみあきら》氏）なんかが、よく解説をしてると思うけど、あれよりも、わしのほうが分かりやすい言葉で説明できたからなあ。

それが、人気の秘密やな。

「自分をよく見せたい」という気持ちなど捨て去れ

綾織　そうできるためのポイントとは、何なのでしょうか。

竹村健一守護霊　やっぱり、みんな、「自分をよく見せたい」っちゅう気持ちは一緒《いっしょ》やと思うんや。

例えば、インテリかどうかは、経歴とかを見りゃ分かることなんやけども、インテリにも、「人からよく見られたい」っていう気持ちがあるもんやから、インテリのところを、ますます出したくなる。

要するに、多くの人が見てれば見てるほど、いいところを見せたくなるので、人から間違《まちが》いを指摘《してき》されずに、「ああ、すごいな。よく知ってるなあ」と思われるように、できるだけ格調高く見せようとする気《け》があるもんなんやけど、逆なんや。

ここで、パッと懐《ふところ》を開いてやな、「これは、簡単に言やあ、こういうことですわ」って言う。それは、当然、専門的な言い方ではないし、学者先生とかには、そういう言い方は、まずできない。学問的態度ではないよな。

でも、専門的なことを、簡単に、別な言葉で、「例えば、こういうことです」っていうような感じで言ってあげて、相手に、「ああ、なるほど。分かった」と思わせることが大事なんやな。

君らんところの政党なんかも、それが、まだ、ものすごく下手なんやろうと思うんや。硬《かた》いわな。

「ザ・リバティ」も、ちょっと書き方を変えたほうがええで、君。

綾織　はい。検討させていただきます。

竹村健一守護霊　君、劣等感《れっとうかん》を持っとんちゃうか。ちょっと、ええ格好しとるんや。産経で、大して出世してなかったんか？（注。質問者の綾織は、かつて産経新聞の記者だった）

綾織　（苦笑）そうですね。

竹村健一守護霊　エリートコースだけ歩むような人やったら、易しく言うても、バカにされることはないけども、ほんまのエリートでない場合には、易しいことを書いたら、「バカとちゃうか」って言われるから、無理して、けっこう難しく書くわけや。それが、いかんのや。

大川さんは宗教家やけども、「偉《えら》いところがあるなあ」と思うのはね、弟子《でし》よりも分かりやすく話ができるやろ？　一般《いっぱん》の人に分かるようにしゃべる。これは偉いと思うよ。

分かりやすく話すためには「本物の自信」が要《い》る

竹村健一守護霊　でも、これは、ある意味で自信があるからなのよ。分かりやすくても、バカだと思われない自信があるから、易しく言えるんや。

だけど、弟子のほうは、「自分は講師だ、幹部だ、支部長だ。一般の信者とは違うところを見せないかん」と思うて、できるだけ難しい言葉を使い、「おまえら、覚えとらんだろう」というようなところを（教えのなかから）引っ張ってきて、いろいろ言うんだろうと思うんや。

それで、だんだん、客が逃《に》げていって、寄ってこれないようになるんだろうけど、「ほんまの意味で自信を持っとらんのや」と思うんだよな。

バカがバカのふりをしたって、全然面白《おもしろ》うないんよ。まあ、賢《かしこ》い人がバカのふりをしたら、それなりに受けるけどな。でも、バカがバカのふりをしても、全然面白うないし、バカが賢い人のふりをしたら、しらける。

まあ、そういうことがあるわなあ。

だから、「ほんまの意味の自信を持っとらんのかな」という感じがあって、そのへんが、もう一丁、二次効果が出てないところなんじゃないかな？　弟子のところでやってることが、もうひとつ、（人を）呼べないでいる。

どちらかというと、「外で、著書を書いたり、評論活動をしたり、講演会をしたりできる人のほうが、自分らより偉い」と感じてるように、わしには見えるわな。

大川さんは、そういう人たちに、最初から、全然、頭を下げんかったわけで、「韓信《かんしん》の股《また》くぐり」をしなかった人ですね。

つまり、「股くぐりをしなかった」っちゅうことは、「使われる将軍である韓信のほうでなくて、お名前どおり、劉邦《りゅうほう》のほうだ」っていうことですわな。劉邦は、たぶん、股くぐりはしない。

その劉邦のほうなので、この人には、「名前がある人を自分より上と認めて、その人のツテで上げてもらう」とか、「紹介《しょうかい》してもらう」とかいう気持ちが、最初からなかった。

「自分で自分の道を拓《ひら》く」っていうのを、はっきりやってた人やと思うんだよ。だから、大将の器《うつわ》なんやろうね。

里村　はい。

竹村健一守護霊　だから、基本的に、「言論術」のところやと思うよ。弟子のほうには、それほど自信がないんやろう。

大量の情報から〝砂金〟を察知する「センサー」が大事

綾織　「自信」を得るためには、その前提として、ものすごく勉強しなければいけないわけですが、勉強の量や質、方法などについて、どこまでのレベルを求められるものなのでしょうか。

竹村健一守護霊　まあ、量だけの問題でもないんやけどね。やっぱり、「センサー」のところがあるやろう。

例えば、金を引きつける磁石はないけど、川底の砂に近づけて、もし砂金だけ吸い寄せられる磁石があったら、大した発明だわな。そんな磁石があったら、わしも金持ちになれると思うわ。小川の底をさらって、砂金ばっかりが付いてきたら、たちまち金持ちになれるやろな。

まあ、そんな感じで、いっぱい情報はあるんやけど、このなかから砂金の部分、金の部分を察知する能力が大事やな。

単に大量のものを読んで知識の量が多いだけでは、いわゆる学者の大家《たいか》になってな。碩学《せきがく》と言うて、「偉い先生」ということにはなるけど、「何を書いてるか分からん。何を言うとるか分からん」っていう人は、いっぱいいるのよ。「書いてることが分からんから偉い」とかな。あんまり偉すぎて、「もう、文章も書かん。本を一冊も書かん」っていう大家が、いっぱいいらしたわなあ。昔からな。

だけど、そこが考え方の違いや。わしらみたいに、言論や本で食ってた人間は、書いたものが売れんかったらあかんし、言うてることが分からんかったら講演会に呼ばれんようになる。

渡部昇一《わたなべしょういち》先生にも、そんなところがあって、やっぱり、分かるような文章で書くやろ？　専門家が難しく書いて、「売れない、売れない」と言うて嘆《なげ》いてるところを、できるだけ分かりやすく、面白い、いい文章を書くわな。

大川隆法さんも、文章は、けっこう達人で、読ませる文章を書くわなあ。

新聞記者のような文章でもなく、作家という感じの文章でもないけど、物書きとしたら、ちょっとした「ウイットの効いたエッセイストのような文章」が書けるタイプではあるし、キャッチコピーみたいな文章も書けるようなタイプだわな。

〝曲がったへそ〟が「必要なもの」を探し当てる

里村　「センサーが必要」とのお話でしたが、そのセンサーの磨《みが》き方について教えていただけますでしょうか。
竹村健一守護霊　磨き方？　それは、「へそが曲がっとるかどうか」にかかっとるわけよ。

へそが曲がっとると、その曲がったへそが、相手を探していくわけよ。つまり、「必要なもの」を探していくわけ。

里村　例えば、「多くの人が右を向いていたら、あえて左を向く」とか、そういうことでしょうか。

竹村健一守護霊　うーん……。

君ら、方向性はええんやけどな。「日本の常識は世界の非常識」とか、わしが昔から言い続けてることを地《じ》でやってるのは、そのとおりなんやけどなあ。

なぜか、組織としてやると、もう一丁、人気が出てこないのは、きっと右翼《うよく》の街宣によく似たことをやりすぎておるからだろうな。何か、もうひとつ、そこに芸が足りないんだろう。

綾織　ちょっと、その部分は……。

竹村健一守護霊　置いといて。

綾織　（笑）またあとで、お伺《うかが》いしたいのですけれども。

竹村健一守護霊　ああ、そうだな。政党の話は、もう言いたあない。つらい、つらいな。

綾織　いえ、後ほど、お伺いしたいと思っています。

竹村健一守護霊　「いつ店を閉めたらええか」みたいな話のほうがええんかな？

5　日本は「人材選抜《せんばつ》の方法」を見直すべき

「人材の登用」に関して自信を喪失《そうしつ》している日本人

里村　今度は、個人の成功についてお伺《うかが》いしたいと思います。

竹村健一守護霊　個人の。おお。

綾織　個人の成功の部分と、それから、本日の趣旨《しゅし》としましては、やはり、「沈《しず》んだ日本に一喝《いっかつ》を頂きたい」というところもございまして……。

竹村健一守護霊　ああ！　それはそうやなあ。

綾織　「失われた二十年」と言われるように、日本は、ずっと停滞《ていたい》を続けております。

ある意味で、日本は、「アメリカを超《こ》える手前まで行って、そこでずっと踏《ふ》みとどまっている」という状態にあります。それには、未来を拓《ひら》いていく勇気がないなど、日本人としての要因がいろいろあると思うのですが、これを、どう変えていったらよいのでしょうか。

竹村健一守護霊　何ちゅうかねえ、わしの感じから見たら、「人材選抜《せんばつ》の方法」についての自信がなくなったんじゃないかなあ、この国は。

里村　おお。

竹村健一守護霊　そんな感じがするわ。だから、政治家も、もう二世、三世、四世と、そういう代々の世襲《せしゅう》ばっかりじゃない？

選ぶ基準がないから、「親が政治家で、名を成した人の子供なら、遺伝子的に似たようなものを持ってるやろうから」みたいな感じで選んでる。まあ、田中眞《たなかま》紀子《きこ》さんを見りゃ、そりゃあ角栄《かくえい》さんに似てる部分はあるけどさあ、でも、問題はいっぱい起こすわな。しょっちゅう問題を起こしとるわな、あれ。

もし、角栄さんの娘《むすめ》でなかったら、大臣になんか、まずならんわなあ。だから、そういうふうな、「親の似姿《にすがた》」みたいなのを見て選んでらっしゃるけど、別の意味で言えば、新しく人材を登用していく基準に、あんまり自信がないのかなあ。

安倍《あべ》さんも、何世議員か知らんけどさあ、「見てくれ」も、そこそこかっこいいから、まあ、あれやとは思うけども。総理大臣の孫か、なんか知らんけどね。麻生《あそう》さんだって、まあ、そんなもんやね。麻生さんと似たようなもんで、これ（安倍首相）も三代目ぐらいですか。

里村　はい、そうですね。

竹村健一守護霊　三代目で総理大臣になった。麻生さんやて、吉田茂《よしだしげる》の孫でなかったら、総理にもなっとらんやろうし、今も、副総理はしとらんやろうけど、「あれ以上の人物が日本におらんか」っちゅうたら、そんなことはないよ。たぶん、いるに違《ちが》いないわな。

それから、ちょっと自信を失ってる理由には、まあ、鳩山《はとやま》家みたいなのも、代々続いてはおるけど、「日本の伝説的な秀才《しゅうさい》家系の鳩山（由紀夫《ゆきお》氏）が、あんなボンクラやったとは知らんかった」みたいな衝撃《しょうげき》が、ちょっと走ったのもあるわなあ。

だから、人材の登用について、なんか、日本人が自信喪失《そうしつ》しとるような感じがするな。

たまに、実業の世界で、金儲《かねもう》けなんかで成功する人も出るけど、すぐ検察が出てきて捕《つか》まえるじゃないか。

里村　そうなんです。

竹村健一守護霊　なあ？　こんなんやったら、アメリカンドリームみたいなものは、ちょっと成り立たんわなあ。

「一代で出てきた成功者」を叩《たた》く日本のマスコミ

里村　日本のマスコミは、世襲批判をする一方で、一代で出てきた人を叩《たた》いています。

竹村健一守護霊　そうなんよ。だからねえ、私も、さっき、ちょっと紹介《しょうかい》された、ホリエモン君とも本をつくったことがあるが……。

里村　はい、そうでございますね。

竹村健一守護霊　あれ（堀江《ほりえ》氏）だって、確かに、出来は、ちょっと変なところはあるけどね。まあ、東大に入ったものの、どうせ、まともに行っとらんで。

「宗教学科で大川隆法の勉強をして成功したに違いない」と思うけどな。たぶん、幸福の科学の勉強をして、あのライブドアをつくったのは間違いないわ。もう、ほぼそうだと思うな。

だけど、常識が足りない面もあったし、若かったのもあって、アウトロー的な部分が、やっぱり引っ掛《か》かってきたんやろう。

確かに、法に引っ掛かるようなこともあったかもしらんけど（注。旧証券取引法違反《いはん》で起訴《きそ》され、二〇一一年五月に実刑《じっけい》が確定し、服役《ふくえき》。二〇一三年三月、仮釈放《しゃくほう》され出所）、まあ、社会全体で見れば、あの会社が大きくなったら、面白《おもしろ》いところもあったかもしらんわなあ。

「テレビ局を買収しよう」とかで叩かれたけど、要するに、テレビ局でさえ旧《ふる》い官僚《かんりょう》体質になってるわけや。「新興の、出てきたばっかりの者《もん》が、金の力でもってテレビ局を買収するなんちゅうことは、けしからん」みたいな、そういうことやろ？
　これは、楽天のあの人も、うまくいかんかったなあ。

里村　そうですね。楽天の三木谷《みきたに》さんも、ＴＢＳを買収しようとしましたが、うまくいきませんでした。

竹村健一守護霊　あとは、みんな、球団を持ちたがるのね。まあ、認められたり認められなかったりで、「球団を持つのは生意気だ」とか言われたたな。

里村　はい、そうです。

竹村健一守護霊　まあ、そういうことやろな。

三木谷とかは、体制のなかにいることをうまくアピールして、ある程度まで、うまいこと行ったんや。〝年寄り殺し〟なんでなあ。

最近、ちょっと、経団連から離《はな》れて、なんか、やり始めた。そろそろ地が出てき始めておるような気がするけどな。

ホリエモン君がかわいそうなのは、そのへんのアウトローのところが、ちょっと露骨《ろこつ》に出たっちゅうか、いや、ある意味で、わしのまねかもしらんけどなあ。もう、札びらを切ったり、美女を連れて旅行しちゃったりして、それをテレビに流しまくって刺激《しげき》したからね。ちょっと刺激しすぎたね。

あと、本人が言った言葉ではないんじゃないかと思うんだが、「金で買えないものはない」みたいなコピーかなんかがあって、編集部が付けたようなものかもしらんけど、あれで検察のほうはカチンと来て、「こんなもんは、絶対、鬼平《おにへい》みたいにとっ捕まえて、しょっぴかないかん」っていう気持ちになったんやろう。

だから、ちょっと、日本的メンタリティーの部分はあるな。マスコミとかは、幸福の科学にも、多少、そういうところを感じるんだろうけどね。それで、「やったろう」と思って、何度も何度も狙《ねら》ってはいるんだと思うけど、狙って襲《おそ》いかかるたびに、何だか急所に撃《う》ち込《こ》まれて、マスコミのほうも痛手を負うとるんだよなあ。

だから、「獲物《えもの》にしたい。食ったらうまかろうなあ」と思うんやけど、食わしてくれない。トゲがあるんだよな。フグの毒みたいなのを、ちょっと持っとるので、まあ、そのへんが違いかなあ。

「急成長するもの」を憎《にく》む気持ちが起業家精神を殺す

綾織　その意味では、マスコミも含《ふく》めて、新しい人材や、今までにないような少し変わった人材を許容できるかどうか、あるいは、それを応援《おうえん》できるかどうかというところが、いちばんの鍵《かぎ》になってくるのでしょうか。

竹村健一守護霊　マスコミには、エスタブリッシュメント（既存《きそん》の権威《けんい》や支配階級・組織）というか、誰《だれ》が見ても確立した人に対しては、わりあい従順なところもあるし、甘《あま》えでもって、「それだけ偉《えら》い人やったら、批判してもええやろう」みたいな感じで、「若手の記者でも、揶揄《やゆ》するような記事を書いたりすることが許されるんじゃないか」みたいなところも、両方ある。

けども、「評価が定まっていないものを、育てるか、潰《つぶ》すか」といったら、潰すほうが、やっぱり楽は楽やからな。そういうエスタブリッシュメントでない新興のものに対して、パトロンみたいに、「育てたろう」なんて、そんな寛容《かんよう》な心を持ってるマスコミは、あんまりないわなあ。

だから、ちょっとでも自分と差があって、「俺《おれ》の給料の何倍も儲けとる」と思うたら、すぐ撃ち落としたくなる。まあ、週刊誌あたりから始まって、みな、そうだわなあ。

大きな事件になって、新聞の事件になったり、テレビの事件になったりしたら、だいたい失脚《しっきゃく》や。

最近、リクルートの江副《えぞえ》さん（江副浩正《ひろまさ》氏）な。

里村　はい。亡《な》くなられました。

竹村健一守護霊　亡くなったけども、まあ、あれだって、東大には珍しい起業家やったんやけど、なんか、ちょっと気の毒な感じではあるなあ。

綾織　結局、「リクルート事件以降、日本経済は停滞している」とも言えます。

竹村健一守護霊　そうなんだよ。だから、ああいう急成長するところを憎《にく》む方向がねえ、何て言うか、起業家精神を殺してるように見えるなあ。

里村　その意味で、リクルート事件とバブル潰しは、同時期でした。

竹村健一守護霊　うん、うん。一緒《いっしょ》だよなあ。

里村　これは関連性が……。

竹村健一守護霊　あると思う。うん。

里村　やはり、そういう日本人のメンタリティーを、今、変えていく必要があるのではないでしょうか。

実は「不況《ふきょう》」が好きな日本の官僚《かんりょう》

竹村健一守護霊　それとねえ、たぶん、「役所の没落《ぼつらく》」も関係はあると思うんだよ。役所も、「日本が貧しいときに、これを自分らの力で成長させた」っていうときには、なんか、すごいリターンがあるというか、プライドが満たせるよな。

なんか、あそこにも変なおっさんが座っとるけどさあ（注。聴聞席《ちょうもんせき》に旧通産省出身の幹部が座っていた）。「通産省と戦後日本の奇跡《きせき》」みたいな感じで、「千人ぐらいの通産省エリートたちが頑張《がんば》って、戦後の荒廃期《こうはいき》から、日本は、こんな大国になった」っちゅうことで、給料が安うても、プライドだけは、そらあ、すごかったと思う。だけど、民間のほうが大きくなって、通産省を必要としないようになったら、なんか、言うことときけへんようになるもんな。

だから、そのへんになってから、ちょっと関係は難しくなってる。

マスコミとは別に、この官庁のほうも、不況《ふきょう》が起きると、「助けてほしい」というところがいっぱい出るから、不況が好きなんだよ。不況になると、「政府が何とかしてくれ」って言ってくるやろ？　それで、「どれどれ？　どうしようかなあ。よく吟味《ぎんみ》して、助けるかどうか、決めようかなあ」みたいにできるからね。

もう、大会社がいっぱい潰れてさあ、税金というか、公的資金をいっぱい投入したじゃない。銀行や、いろんなところにな。

あんたがたから見れば、あれは経済の失敗だろうし、停滞だろうけど、役所から見たら、「国費を投入し、税金を投入して、あんな大きな会社を助けてやった」って、もう、スキーッとしとるんや。「倍も給料をもらいよってからに」みたいに、みんな思うとるわけよ。

彼らから見りゃ、発展なのよ。

里村　そうしますと、以前、マスコミを中心にした、「役所叩き」「役人叩き」というものがありましたが、ある意味で、逆に、あれが不況をつくり出して、役所の出番をつくるかたちになっているわけですね。

竹村健一守護霊　うーん、まあ、両方やな。マスコミと官僚《かんりょう》には、両方とも、戦後の発展期には役に立った面もあるんだけど、なんか、「頭抜《ずぬ》けていくもの」っていうかなあ、天井《てんじょう》を破り、屋根を破っていくような〝タケノコ〟に対しては、やっぱり、ぶち斬《き》りたくなる気持ちはあるんだよ。

昔は、メーカーへ行けば、だいたい、役人の給料の二倍ぐらいはあって、さらに、サービス業へ行けば三倍になる。銀行とか商社とかに行きゃあ、三倍ぐらいもろうとった。だいたい民間の給料は役所の三倍ぐらいはあって、みんな、そういうところへ就職するっちゅうのは、まあ、面白うないわな。面白うないけども、（民間に対する）優位というか、プライドが満たせてるうちはよかったんや。

今、外資系のほうに流れたりしてるけど、まあ、日本として、人材がどこで活《かつ》躍《やく》すべきかが、よう分からんのだよ。

6 「人生を拓《ひら》く武器」としての英語

英語圏《けん》の優位は、まだ動かない

里村　先ほど、「人材選抜《せんばつ》のところで、日本には間違《まちが》いがあった」とおっしゃられ、今も「人材」というお言葉が出ました。

実際、竹村先生の事務所に行くと、日本の政治家や財界人、あるいは、アメリカの大統領をはじめ、海外のいろいろな方と一緒《いっしょ》に映っているお写真がたくさん飾《かざ》ってあり、私もそれを拝見いたしました。

そこで、これからの日本を引っ張っていくために、日本人は、どういう人材を選ぶべきでしょうか。あるいは、もし、「例えば、彼のような人」といった具体的な人がいれば、サゼッション（示唆《しさ》）を頂ければと思います。

竹村健一守護霊　まあ、わしにしちゃ、ちょっとレトロな話になると思うけど、わしが出世した条件を一つだけに絞《しぼ》ってあげろって言ったら、それは、やっぱり「英語」や。

「フルブライトの第一期留学生」っていう権威《けんい》はすごかったし、実際に見聞したことが、日本の未来をタイムマシンに乗って見てきたような感じになったわな。だから、戦後のアメリカへ行った人たちには、未来が見えたわけや。

それで力があったけど、今言った楽天の三木谷《みきたに》だって、ハーバードに留学してるし、ソフトバンクの孫《そん》（孫正義《まさよし》氏）だって、「日本では差別されるから、日本の大学なんか出たって、一流の出世コースには乗れない」と見て、もう高校時代からアメリカへ渡《わた》り、（カリフォルニア大学）バークレー校かなんかに入ったんだよなあ。

里村　はい、そうですね。

竹村健一守護霊　なあ？　西海岸へ行って、あちらのほうで交渉《こうしょう》して、なんか、武勇伝もつくって、起業した。アメリカ人から見れば、日本人だろうが韓国《かんこく》人だろうが、関係ないもんな。だから、そちらのほうへ行ってやってるけどな。あとは、ノーベル賞をもらってる理系の人だって、どっちか言やあ、アメリカで研究してる人が多いわなあ。

だから、英語圏《けん》の優位は、まだ動いてないっていうか、差はあるよ。やっぱり、この百年、二百年の文化的な蓄積《ちくせき》には相当なものがあって、「日本語圏で世界を引っ張る」っていうのは、今のところ、まだ、そんなに起きてないことだよな。

世界と戦うには「語学力」が要《い》る

竹村健一守護霊　だから、人生を切り拓《ひら》くのに、何か一つは武器が要《い》るんだよ。例えば、日本の世界だけで生きるんなら、日本の学歴でも、ある程度、武器にはなったんやけども、「世界と戦う」というレベルまで来たときには、それだけでは足りない。

要するに、日本が（GDPで）世界の第二位になったり、まあ、今は三位かもしらんけども、世界のトップレベルまで来たら、当然、世界と戦わないかんわけだよ。「世界のリーダーになれるかどうか」が、次の試練だわな。

そのときに、やっぱり、語学力のところは大きな試練やと思う。

「フルブライト留学した」っちゅうのは、私にとって大きかったし、まあ、大川さんにしても、若いころに商社へ入って、アメリカのニューヨークに渡って仕事をしてるのは、新宗教の教祖としては、極《きわ》めて異色。

里村　はい。そうでございます。

竹村健一守護霊　異色も異色。「東大法学部を出てる」っちゅうのも異色なんだけども、さらに、「若いころにアメリカへ行って、仕事をし、勉強もしてきてる」っていうのは、かなりの異色ですよ。

このへんに、マスコミが叩《たた》きたいけど叩き切れない部分が、実際はあるんと違うかなあと思うんだよね。

だから、「負けるかも……」っていうような感じを持ってるところはあるし、成功するのにも、いちおう正当性があるっちゅうか、「成功しても、おかしくはないわなあ」っていう面が、一部、あるんだろうと思うね。

そういう意味で、英語というものも、やっぱり大きな武器やね。わしみたいに、「戦後、英語がしゃべれる日本人」っちゅうのは、そりゃあ珍《めずら》しい者《もん》やったからなあ。

留学した政治家は「別ルート卒業」をした人ばかり

竹村健一守護霊　でも、実は、いまだにそうなんだよ。日本の総理大臣で、鳩山《はとやま》さんだって、麻生《あそう》さんだって、いちおうスタンフォードに留学したことにはなってはいるけど、あまり英語をしゃべるところを、お見せすることはできない。というのも、日本の政治家子弟《してい》が留学した場合、「別ルートでの卒業」になるからだよな。

わしらみたいに、そういうものと関係なくやった人は、それなりに苦労して留学してるけども、ああいう人たちは、「総理大臣の孫だ」とか何だとか言やあ、それはもう別扱《あつか》いですので、皇太子様の留学とほとんど一緒です。そういう人たちは、別に扱われてるので、成績なんか、どうにでもつけ放題ですからね。

だから、小泉進次郎《こいずみしんじろう》さんも、日本では、まことに珍しい、政治家にはなりにくい大学から、なぜか、アメリカの一流大学の大学院にお行きになられて、「ほんまに卒業できたんやろうか」と、わしは不思議に思うんやけど、親父《おやじ》が総理大臣やったら、やっぱり向こうとしては、何としても卒業させないかんわなあ。

まあ、それをプライドとしてやってるんやろうとは思うけど。

だから、英語のほうも、力としては、まだまだ利《き》くところがあると思う。

「ジャパン・イズ・バック」はあまりにもセンスのない英語

竹村健一守護霊　今、安倍《あべ》さんは、ちょうどアメリカに行ってはるんやろう?（二月二十二日〔日本時間〕より、日米首脳会談のため訪米）

里村　はい。行っております。

竹村健一守護霊　それで、「ジャパン・イズ・バック（日本は戻《もど》ってきた）」なんていう講演を英語でなさるとかいうのを聞きましたけど、ものすごい英語やなあ。

里村　（笑）

竹村健一守護霊　「ジャパン・イズ・バック」やなくて、「ジャパン・イズ・サンドバック」と言ったら、ワァーッと沸《わ》くやろうねえ。「どうぞ、殴《なぐ》ってくれ」って言ったらね。

「ジャパン・イズ・バック」っちゅう英語には、わしゃあ、あんまりセンスがないとは思うが、あれは官僚《かんりょう》がついてるはずやから、官僚の英語がそのレベルなんやろう。

これは、まあ、ひどい英語を使《つこ》うてまんがな。恥《は》ずかしいわ。もうちょっと、どうにかならんのかいねえ。

7 「世界の未来」を示している幸福の科学

綾織　「未来を見る条件として、英語圏《けん》は主流である」というお話でしたが……。

竹村健一守護霊　うん。それはねえ、やっぱり、今、アラビア語をやったって、そらあ、未来は見えんよ。過去が見える。

綾織　はい。今、天上界《てんじょうかい》におられて、どのような「日本の未来」が見えていらっしゃいますか。

竹村健一守護霊　日本の未来？

そりゃあ、「中国に未来がある」と思うて、最近は、ちょっと中国シフトがかかってたんだと思う。民主党政権もそうだし、その前から、企業《きぎょう》は中国にだいぶ進出しとったからなあ。まあ、中国シフトがかかってたんだろうけどね。

中国は、発展中ではあるんだけど、まだ未来を見せてはくれていないと思うよ。まだ過去を引きずってるよなあ。そうとう過去を引きずってるよ。まだ後ろを向いてるわな。未来はまだ見えていない。

未来を見ようとしたら、軍事大国になることしか考えられないでいるようなので、これは、昔の日本をなぞってるんじゃないかな？　第二次大戦中の日本を、彼らの体験からなぞってるように見えるなあ。

北朝鮮《きたちょうせん》なんかも、そういうふうに見える。韓国《かんこく》も、やっぱり、そう見えるなあ。

つまり、「日本にやられたやつを、やり返すことが未来」みたいに思ってるように見えるので、アメリカなんかの立場とは、ちょっと違《ちが》うんじゃないかなあ。

中国も、今後、商売上どうなるか。戦争の危険とかがあると厳しくなるので、中国語で未来が見えるかどうかは分からんけども、ウォーレン・バフェットさん（アメリカの投資家）は、自分の子供を、中国語と英語のバイリンガルにしようとしてるらしいから、ああいう投資家がそう考えるのなら、まあ、未来はあるのかもしらんとは思う。

けども、わしには、「もう一回、日本に奮起してほしい。東洋の中心として、東洋的なるもの、アングロサクソンから発信できないものを発信できるようにやってもらいたい」という気持ちはあるな。

日本で、わしとか渡部昇一《わたなべしょういち》さんとかが、評論家を三、四十年やってきたけど、今、その時代がだいたい終わってきつつあるところやと思う。

まあ、評論家とはちゃうと思うけど、今、わしらのような感性というか、感覚というか、そういうもので日本の進路を示しているのは、大川先生しかいらっしゃらないんじゃないかと思う。

そういう意味で、これから大きな影響《えいきょう》を与《あた》えるだろうとは思うけどね。

幸福の科学さんは、「日本の未来」だけじゃなくて、「世界の未来」をお示しになろうとしてるんじゃないかと思うので、大いに期待はしてますけどね。

里村　はい。ありがとうございます。

8 「ヨーロッパの現状」をどう見るか

ヒトラーの〝遺産〟を清算する必要があるドイツ

綾織　その意味において、幸福の科学は、今、海外にも伝道を力強く始めているところなのですが、竹村先生には、コジモ・デ・メディチという、ヨーロッパでの偉大《いだい》な過去の転生《てんしょう》があられると聞いています。

そこで、特にヨーロッパについて、もし、何かアドバイスを頂けるようなことがあればお願いしたいと思います。

竹村健一守護霊　ヨーロッパはねえ、やっぱり、ドイツがカルマを清算しないと駄目《だめ》だな。

里村　おお……。

竹村健一守護霊　日本もそうだけどね。日本も第二次大戦のカルマを清算しなければいかん。まあ、安倍《あべ》さんがやろうとしてるんだろうけどもさ。

このカルマを清算しないで、要するに、中国や韓国《かんこく》や北朝鮮《きたちょうせん》、まあ台湾《たいわん》も含《ふく》めてかもしらんけど、いろいろと言われては怖じ気《おけ》づき、意見をはっきりと言えないでいる状態を超《こ》えなければ、未来は拓《ひら》けないと思う。

ドイツはドイツで、やっぱり、ヒトラーの〝遺産〟を引き継《つ》いどるのでなあ、もう、戦後六十七年も八年もたつけど、まだ、そうとうビクついてるわな。

世界のリーダーになるには引け目があるけども、現実には、経済的にも政治的にも、ドイツが中心にならないとヨーロッパは駄目なんだよ。

だから、ドイツも戦後の清算をしなければいけないんだけど、ドイツには、自分たちの過去をキチッと清算できる人が、今、いないと思うんだ。

昔は、偉《えら》い哲学者《てつがくしゃ》みたいなのがいっぱい出た国なんだけど、今、ドイツの過去を清算して、未来の哲学を構築できるだけの人材が、ドイツに存在しないんだと思う。

里村　なるほど。

竹村健一守護霊　そういう人がいたら、だいぶ変わるだろうね。

日本もドイツも国連の常任理事国になって意見を発信せよ

綾織　ある意味、表面的に謝《あやま》って終わりにしてしまっているところが……。

竹村健一守護霊　うん。だから、ドイツも日本と同じだよ。つまり、「戦闘的《せんとう》な国にならない」っていうか、「もう二度と戦争を仕掛《しか》ける国にならない」っていうことでは同じだ。

戦後、国連は、戦勝国になった五カ国を常任理事国としてスタートしたけど、その国連の体制の枠《わく》のなかに入れられてるので、ドイツも日本も、常任理事国にはなれないね。

本当は、当然なってなきゃいけないけども、これは敵国条項《じょうこう》の名残《なごり》だろう。敵国に対する連合軍の勝利の証拠《しょうこ》として、ああいう国際連合ができてるからねえ。

ただ、国際連合中心でやってるけど、「戦後七十年近くたったら、やっぱり、もうちょっと現実を見なきゃいかんのじゃないでしょうか」っていうことだわな。それについては、君らが好きな言葉で言やあ、「地球的正義」か？　明らかに、客観的な目で公平に判断してるとは思えないわなあ。

里村　それは、ドイツからも発信されていませんね。政治家は、いろいろと言っていますが。

竹村健一守護霊　日本もドイツも、やっぱり、国連の常任理事国に入って意見を発信しなきゃいけない。テロ事件とか、いろんな紛争《ふんそう》とかに関して、意見を言う権利はあると思うよ。

里村　はい。

自虐《じぎゃく》史観では「傑出《けっしゅつ》した人」が出てこない

綾織　先ほど、「昔のドイツには偉大な哲学者が出た」とおっしゃられましたが、ドイツが、自分たちの過去を清算できるための哲学とは、どういうものなのでしょうか。

竹村健一守護霊　うーん、まあ、これは、そういう人が出てきてみなきゃ分からないけど、「今、ドイツから出てる作家や思想家等には、世界を揺《ゆ》り動かすような人はいない」っていうことですよね。

日本もそうだけどね。戦後の教育が「日本は悪い国でございました」と教える自虐《じぎゃく》史観が問題になってるけど、やっぱり、ドイツにも自虐史観があるわけだよ。

そういう自虐史観で教えられると、子供たちは、みんなすねるわけよ。だから、英雄《えいゆう》を求めないし、英雄や偉人みたいになれなくなるわけね。

「そういうのを求めたら、〝ヒトラー〟になるぞ！」っていうような脅《おど》しが利《き》いてくるから、「傑出《けっしゅつ》した人になりたい」っていう気持ちを持たないんだけど、それを持たなければ、やっぱり出てこないところがあるわけね。

綾織　なるほど。

竹村健一守護霊　だから、平凡《へいぼん》に、そつなく過ごす人間を育てる傾向《けいこう》が出てておるわねえ。

日本が立ち直れば、ドイツも共鳴してくる

里村　ヨーロッパについては、竹村先生がおっしゃるように、ドイツを中心として、いろいろなことが考えられるのですが、私は、ドイツからそういう思想が出てこなくても、日本から、幸福の科学の仏法真理《ぶっぽうしんり》が伝わっていくことによって、大きく変わってくるのではないかと思うのです。

竹村健一守護霊　うん、変わると思うよ。日本が立ち直ったらね。

里村　はいはい。

竹村健一守護霊　日本が、戦後の清算をし、「北朝鮮が何を言おうが、韓国が何

を言おうが、中国が何を言おうが、『これは正しくて、これは間違《まちが》ってる』っていうことをはっきりと言って、信念を貫《つらぬ》き、世界をリードしよう」という国になったら、絶対、共鳴・共振《きょうしん》してくると思う。あっち（ドイツ）も、「ヒトラーは過去の人です。私たちは、今、このように考えます」と言うと思う。

要するに、「強いドイツ」とか、「ヨーロッパを引っ張るドイツ」とか、そういう、何て言うのかな、超人《ちょうじん》的なスーパースターみたいなのが出てくると、すぐヒトラーを持ってこられて、「危ない！」って言われるんで、やっぱり、目立ちたくない感じはあるんですよね。

だけど、「アメリカ一人勝ちの時代」が終わりつつあること自体は、考え方によってはチャンスだよ。

里村　うーん、なるほど。

竹村健一守護霊　な？　チャンスなんだよ。
日本も戦後を清算し、未来をクリエイトしなければ駄目《だめ》

里村　それは、これから日本の復活とともに、幸福の科学の教えをヨーロッパで大きく広げていくチャンスであると思いますが、それに関してアドバイス等がございましたら、お願いします。

竹村健一守護霊　うーん、ヨーロッパもあるけど、まあ、頑張《がんば》らな、しょうがないと思う。

今、「中国が、アメリカを抜《ぬ》くか抜かないか」みたいなことで、みんな注目してるかもしれない。中国は、経済的には大きくなったかもしれないけども、思

想・文化的なものから見れば、そらあもう、圧倒《あっとう》的な後進国ですよ。

学ぶものなんか何もない。非常に旧《ふる》い、日本の戦時体制に毛が生えたようなもんですので、「戦時体制でありながら、経済だけは自由化した」というぐらいのレベルだわな。

まあ、そのくらいのレベルだし、韓国だって、洗脳度はすごいと思うよ。あれで世界をリードできるとは、今のところ思えない。

だから、「戦後を清算する」っていう〝ジャパン・イズ・バック〟も結構ですけども、幸福の科学が、今、いちばんやってるように、新しくクリエイト（創造）しなきゃ駄目《だめ》だよな。未来をクリエイトしていかなきゃいかんわけで、「未来はこうあるべきだ」というものを打ち出していかなきゃいけないな。そして、世界を引っ張っていく。

まあ、まずはアジアから影響《えいきょう》が出ると思うけども、それから、ドイツのほうが、

「そろそろ過去を捨てて、もう一回やろうやないか」と共鳴・共振してくると思う。

ドイツと、フランスやイギリスとは、過去、何度も戦争をして、勝ったり負けたり、お互《たが》いに悪さをしてますので、それ（先の大戦のこと）ばっかり、ずーっと言うのには、ちょっと問題はある。

百年戦争みたいなのが、過去、いっぱいあったわけね。ヨーロッパのなかでは、宗教戦争とか、いろんなものがいっぱいあって、それぞれ、みんな乗り越《こ》えてきたんだから、「新しい時代」をつくろうとしなきゃいかんね。

9　幸福実現党が勝つために必要なこと

総裁を弟子《でし》のために働かせてはもったいない

里村　その「新しい時代」をつくるために、幸福実現党も頑張《がんば》っております。先ほど、「政党の話はあとでお伺《うかが》いしたい」と申し上げましたが、時間も迫《せま》ってきておりますので、幸福実現党に対してアドバイスがございましたら、お願いします。

竹村健一守護霊　なんで、わしが頑張ってるときにやらんのだよ。わしやったら、ほんま一発で、党の役員ぐらいは通したるのにねえ。わしのアシスタントだったたのが総理大臣を狙《ねら》っとるやないか。ええ？　だからさあ、ゲストで呼ばれてたら、もっと……。ああ、惜《お》しいのう。ちょっと時代がずれたのが惜しいなあ。

里村　いやあ、でも、まだまだ時間はあります。竹村先生でしたら、どういうふうに……。

竹村健一守護霊　ああ？　いや、わしには、今はもう力がないから、しょうがないなあ。

里村　例えば、竹村先生でしたら、どんなことをされるでしょうか。PRの仕方でも、政策でも結構でございますので。

竹村健一守護霊　そうやなあ。ここの総裁は、幾《いく》つかの種類の能力を持っておられるようなので、もったいない、もったいない人だわなあ。

うーん、もったいない。もったいないとは思ってるよ。なんか、弟子《でし》を食わしていくために、しかたなく働いてるようにしか見えんのだがなあ。

弟子のほうが、兵糧《ひょうろう》を集めて支えてくれて、「先生、どうぞお好きに」ってなってるんならええんだけど、なんか、弟子を食べさすために、やむなくやっとるように見えてるなあ。

幸福の科学は、信者の〝言論の自由〟を認めすぎている？

里村　そうしますと、まだまだ、弟子の独立というか、そういう力が見えないわけですね。

竹村健一守護霊　まあ、独立ったって……。

里村　独立というのはおかしいですが、弟子の頑張りが足りないというか……。

竹村健一守護霊　だから、信者がそれだけついててさあ、「ザ・リバティ」の売り上げは、あんなもんだろう？　信者でさえ、なかなか読んではくださらない。これと、「信者でさえ投票してくださらない」というのは、実を言うと、同じなんだよ。信者でさえ投票してくださらない。

信者でさえ、「その（幸福実現党の）候補者が、そんなに政治ができるとは思うとらん」とか、「あの党首が総理大臣になるとは思うとらん」とか、けっこう厳しいんだよな。

まあ、そのへんが、君らは宗教にしちゃあ、〝洗脳度〟が低いんだよ。もうちょっと上手に〝洗脳〟しないとあかんわな。こんなのは宗教とは言えんなあ。要するにね、〝言論の自由〟を、あんまり認めすぎてるんや。内部で批評がなされとるんでさ。

綾織　あとは、信者でない方々と言いますか……。「霊言集《れいげんしゅう》をブームにできるかどうか」はカルチャー的戦い

竹村健一守護霊　ああ。

綾織　はい。広く信者以外の方々の支持を得るためには、どうすればよいのでしょうか。

竹村健一守護霊　まあ、宗教の（壁《かべ》の）ところを乗り越《こ》えるのは、確かに要《い》る。死んだ人が霊言《れいげん》したりさ。わしはまだ死んでへんけど、「竹村は、もう寝《ね》たきりになって、幽体離脱《ゆうたいりだつ》して来とるんかいな」っちゅう……。

里村　いやいや、そんなことはございません。

竹村健一守護霊　そんなふうに思われる可能性が高いけどさ。そんな、「生きてる人の守護霊まで出てくるのは、なかなか受け入れがたいし、理解できない」っちゅうのは、そら、分からんことはないけども、これはカルチャー的戦いだよなあ。

「これをブームにまでしてしまえるかどうか」っちゅう、一つの戦いやと思う。

ただ、先ほど言ったような、ある意味、アウトロー的で異端《いたん》ではあるんやけども、人のやらないことを、あえてやってるわけだから、まあ、ええ度胸はしてるよな。ええ度胸をしてる。

自分たちが過去につくった実績に基《もと》づいて、「ここまで踏《ふ》み込《こ》んでもええ」と思うてやってるんだけど、ええ度胸はしている。

ただ、「政治家として信用をつけるところまで、まだ行ってない」っちゅうところやな。

でも、これには、霊言集とか、宗教とか、あの世とかいうことが票を減らしてるとは限らない面もあると思う。

里村　はい。

「竹村健一の守護霊霊言」をもっと早く出せばよかった

竹村健一守護霊　やっぱり、「その候補者たちが、ほんまに政権担当能力を持って、行政ができるのか」っていうところに対して、中にも外にも信用が十分にないところが大きいような気はするんだよなあ。

里村　その部分については、今日、竹村先生から、「自信をつけていくこと」とか、「易しく話すこと」とか、たくさんの武器というか、ヒントを頂きましたので、しっかりと……。

竹村健一守護霊　僕《ぼく》のねえ、こういう、何ちゅうの？「竹村健一の守護霊霊言」を出しとくと、これは信用がつくわなあ。

里村　はい。

竹村健一守護霊　まあ、こういうのを出しとけば、信用がつくよ。なんで、もっと早《はよ》うやらんのや。まあ、君は、おっそい。

里村　すみません。もう最初から最後まで、そこに話がいきますね（笑）。

竹村健一守護霊　時代を先取りしてへんねん。もう、ほんと、時代を〝後取《あとど》り〟しとるんだよ。「幸福の科学・イズ・バック」や。

綾織　この霊言を大々的にＰＲしてやっていきますので、アドバイスをありがとうございます。

里村　その分、しっかりとPRさせていただきます。

竹村健一守護霊　だから、わしらに力があるときに、もうちょっとアプローチをかけてくれれば、もうちょっと応援《おうえん》してやれたのにさあ、もう……。

10　新たに明かされる「竹村氏の過去世《かこぜ》」

中世以降の転生《てんしょう》では、英語圏《けん》にいた

綾織　最後になるのですが……。

竹村健一守護霊　うーん。

綾織　今、竹村先生の過去世《かこぜ》としては、竹林《ちくりん》の七賢《しちけん》の一人である阮籍《げんせき》と、ルネサンス時代のコジモ・デ・メディチという二つが明らかになっているのですが……。

竹村健一守護霊　うん、うん。

綾織　中世以後の転生《てんしょう》もあられるのではないかと推察いたします。もし、その前後のあたりの転生について明かしていただけるものがあれば、お願いしたいと思います。

竹村健一守護霊　ああ、「ほかにあるか」っちゅうこと？

綾織　はい。

里村　コジモ・デ・メディチ様のあとに、生まれていらっしゃいますか。

竹村健一守護霊　そんなことを訊《き》きたいかあ？　うーん。いやあ、まずいな。

里村　まずいですか。

竹村健一守護霊　アッハハ、いやいや。そりゃあ、ちょっと、まずいなあ。こんなおもろい人は、そんなにおったらいかんのや。

里村　ええ。

竹村健一守護霊　そんなにおってはいかん人物だよ。うん！

里村　でも、お生まれにはなっていたんですね（笑）。

竹村健一守護霊　ええ？　おってはいかん人物じゃな。

里村　はい？

竹村健一守護霊　おってはいかん人物ではあるけれども、まあ……。いてはいけないけれども、いた。

里村　どちらにですか。

竹村健一守護霊　まあ、英語圏《けん》。

「アメリカの民主主義」を広めたトクヴィルが直近《ちょっきん》の過去世《かこぜ》

里村　英語圏ですか。竹村先生は、アメリカに、あれだけパッと行かれましたから、やはりアメリカの建国にかかわっていらっしゃいますか。

竹村健一守護霊　うーん、まあまあ、まあまあ、まあまあまあ、近いな。まあまあまあ、まあまあまあ近い。

里村　「近い」ということは、アメリカの独立に大きなきっかけを与《あた》えたとか……。

竹村健一守護霊　まあ、まあまあ、まあまあまあ、近いかなあ。

だから、「アメリカが、ああいう言論や民主主義の国になったことへ、影響《えいきょう》は与えた」ということはあるかなあ。

里村　あのー、トクヴィル様では……。

竹村健一守護霊　ハハ……、アメリカ人じゃないよ。

里村　いや、ですから、フランスのアレクシ・ド・トクヴィル様ではないでしょうか。

竹村健一守護霊　うーん、分かった？

里村　あっ、そうですか。

竹村健一守護霊　うん。

里村　ええーっ!

竹村健一守護霊　分かったか。アメリカの民主主義を世界に広めたんだけどね。

里村　はあ!

竹村健一守護霊　まあ、ほめたわけよ。「アメリカに根付いている民主主義は本物だ」っていうことを、世界に知らせたんだ。

里村　なるほど。

アメリカのなかに「民主主義の胎動《たいどう》」と「未来の繁栄《はんえい》」を見た竹村健一守護霊　だから、「民主主義の伝道師」としてな、何て言うかなあ、まあ、現代世界で言えば〝マクルーハン〟だったわけよ、ある意味でのな。

里村　そうでございますね。

竹村健一守護霊　そういう新しい世界の紹介《しょうかい》をしたんだ。

里村　二十五、六歳《さい》でアメリカに行かれて、ものすごい好奇心《こうきしん》で……。

竹村健一守護霊　そう。

里村　トップの方にも会われていますし……。

竹村健一守護霊　ジャーナリスティックな目で、アメリカに根付いている民主主義を見たわけだよ。

あの当時のアメリカは、日本から見りゃ先進国だったかもしらんけれども、ヨーロッパから見れば、まだ、そんなに先進国とは思われてなかった。

里村　確かに、そうですね。

竹村健一守護霊　実際、アメリカが強くなったのは、第一次大戦のあとぐらいからなんだよね。第一次大戦でアメリカに助けてもらって、イギリスが没落《ぼつらく》したあたりから、アメリカは急速に大成長して、二十世紀に世界のリーダーになっていくんだけど、わしらのころは、まだ、そこまでは行ってなかった。

だけど、私は、そのアメリカの底に眠《ねむ》っている「民主主義の胎動《たいどう》」と「未来の繁栄《はんえい》」っていうのを見て回って感じたので、本に書いて世に広めたりしたんだ。

トクヴィルの本が売れている中国に近づく「革命」

竹村健一守護霊　わしの書いた、何？　『旧体制と革命』（邦訳《ほうやく》『旧体制と大革命』〔ちくま学芸文庫〕）だったかなあ。

里村　はい。アンシャン・レジームと……。

竹村健一守護霊　ああ、そうそう。『アンシャン・レジームと革命』。今、中国で、すごい売れてるんや。

里村　ええ。

竹村健一守護霊　中国で、今、上海《シャンハイ》、香港《ホンコン》あたりを中心に、トクヴィルがすごく売れとるんだよ。

「トクヴィルが売れてる」っちゅうことはねえ、「中国に革命が近づいている」っちゅうことを意味するんだよな。

わしの思想も頑張《がんば》っとるんや。大川さんも頑張っとるが、わしも頑張っとる。両方、頑張っとるねん。

里村　いやあ、大きな力をお持ちです。アメリカが先進国になることを予見した「マスコミの元祖《がんそ》」

竹村健一守護霊　そういう意味で、マスコミ人としては本流やろ？

里村　はい。まさに本流です。

竹村健一守護霊　本流なんや。ある意味での元祖《がんそ》的な……。

里村　アメリカン・デモクラシーのポイントを、トクヴィル様は、新聞というものに置かれて……。

竹村健一守護霊　そうそう、そうそう。だから、アメリカがね、あれほどマスコミに信用を置いて政治を発展させたのには、大きな影響はあったと思うよ。ある意味で、「わしが初めて、アメリカが先進国になることを予見した」と言うべきだと思うな。

里村　ああ……。

竹村健一守護霊　新興国のアメリカが、ヨーロッパのいろんな新しい革命に影響を与えていったんだなあ。

里村　いやあ、分かりました。

綾織　ご著書の『アメリカの民主政治』のなかでは、「アメリカの民主制のバックグラウンドにある宗教精神というものが、非常に大事だ」と述べておられましたので、今後も……。

竹村健一守護霊　君、なかなか学があるなあ。

綾織　いえいえ。

竹村健一守護霊　さすがやなあ。

綾織　（笑）今後もですね、ぜひ、私どもにアドバイスを頂ければと思います。

竹村健一守護霊　うん。

11 「竹村健一守護霊の霊言《れいげん》」が出る意味

この本を出すこと自体が幸福の科学の信用になる

竹村健一守護霊 いやあ、君らと縁《えん》があったこと自体、要するに、「ジャーナリストの寵児《ちょうじ》だった私が、特に新しい宗教を認めた」ということだろうし、渡部昇《わたなべしょう》一《いち》さんみたいな評論家や言論人の代表者みたいな人が、幸福の科学にすごい親和性を持ったこと自体、ある意味で、幸福の科学のバックアップなり権威《けんい》付けなりにはなってると思うよ。

まあ、わしの本を出してないから、いけない。「これを出すということ自体が、ものすごい信用になるんや」っていうことを、君、分かってくれるか。

里村　しっかりと、大々的に……。

竹村健一守護霊　まだ本人には、息はあるからさ。「ああ、ええこと言うとるなあ。さっすが、わしじゃなあ」って、きっと言うからさあ。

綾織　ご本人にも伝えさせていただきます。

竹村健一守護霊　「さっすが、わしや」と。

里村　はい、しっかりと。

竹村健一守護霊　（本人が）「ここまで言うって、さすがに、わししかおらん」と言ったら、これは信用になるよ。

新聞社なんかでも、「昔の死んだ人の霊言《れいげん》なら、出てきてもええですけど、最近の人とか、まだ生きとる人の（守護霊の）霊言が出てくるのは敵《かな》わん。国民を説得できんので、ちょっと宣伝は困るんですけど」みたいに言うからさ、やっぱり、わしらみたいな人を出さなあかんわけよ。

里村　はい。分かりました。

遅《おく》れた時間を取り戻《もど》せるように、大々的にPRして、多くの方に読んでいただきます。

生きているうちに「霊言《れいげん》」を出さないと力がなくなる

竹村健一守護霊　渡部昇一さんも、立木《ついき》さん（幸福実現党の前党首）なんかと対談してないで、霊言《れいげん》を早《はよ》う出さんといかんよ（注。「『どうしたら英語ができるようになるのか』――渡部昇一氏へのスピリチュアル・インタビュー――」「渡部昇一流・潜在《せんざい》意識成功法」と二回、守護霊霊言を収録し、書籍化。巻末参照）。

里村　はい（笑）。

竹村健一守護霊　そちらはそちらで、早く、宗教のバックアップをしてるように見せなあかんのや。生きてるうちにやってくれんと、力がなくなるやないか。なあ？

綾織　ありがとうございます。

里村　これからも、どうぞ、ご指導のほど、よろしくお願いいたします。

竹村健一守護霊　うん。日下《くさか》さんなんか、「知は力なり」のフランシス・ベーコンなんて言われて（前掲《ぜんけい》『日下公人《きみんど》のスピリチュアル・メッセージ』参照）、そんなに頭はようないんで、ちょっと困っとるらしい。ちょっと、こそばゆうて、なんか肩《かた》のへんが、こうしぼんどるらしいで。もう、ほんまに。

綾織　いえいえ。立派な方でございますので。

竹村健一守護霊　「君、あれ、ほんまかい?」と言われてるらしいで。「出る順序が、ちょっと違《ちが》うんとちゃうか」と言われてるから、やっぱり、わしを出さんとあかんわな。

里村　分かりました。しっかりPRさせていただきます。今日は、本当に、ご指導をありがとうございました。

「オールマイティな言論人」がいない今のマスコミ界

竹村健一守護霊　わしより若い人で、まあまあ、わしの影響《えいきょう》を受けた者《もん》が、ジャーナリズム界にはいっぱいおるから……。

里村　はい。いらっしゃいます。

竹村健一守護霊　そういう意味では、何ちゅうかな、わしが生きとったら、君らの政党は、もうとっくに国会で論戦をやっとるな。惜《お》しいことしたなあ。

里村　いえ、まだ生きてらっしゃいますから。

竹村健一守護霊　ええ？　あっ、生きとった。ああ、生きとるんか。うん、いやあ……。

里村　はい。これからも、ご指導のほど、どうぞ、よろしくお願いいたします。

竹村健一守護霊　今、マスコミ界に、わしみたいな、ちょうどええのがおらんでな。手ごろなのがなあ。

里村　いえ。もう、私どもが頑張《がんば》ってまいりますので。

竹村健一守護霊　うーん、まあ、そうやなあ……。ちょうどええぐらいの、何にでも使えるような感じの、オールマイティな言論人がなあ、今、誰《だれ》かいるかい?

里村　いや、もう、われわれの内側から出してまいります。

竹村健一守護霊　うーん、まあ、おらんわなあ……。だけど、まあ、感じてはいると思うのよ。ニュースキャスターみたいなのを大川隆法さんにぶつけたって、全然通用しないのは、もう、みんな感じてるのよ。

テーマを絞《しぼ》って、台本を書いて、「このテーマでお話しいただく」っていう感じにまで絞らなければね。何もなしで、素手《すで》で相手をしたら、もう、電波が流れてるその場で、めった斬《ぎ》りというか、抜《ぬ》き打ちで、すぐ斬られてしまうのを、みんな感じてるのよ。それは感じてる。

だから、それだけの自信は全然ないんや。わしらみたいな大物が生きとるときに、やっぱり、出んかったらいかんかったんやなあ。

里村　はい。頑張りますので。

綾織　何とか自力で頑張ってまいります。

里村　まだまだ、おっしゃりたいことは、たくさんおありと思いますが、今日のところは、お時間となりましたので、このへんで終了《しゅうりょう》させていただきます。

竹村健一守護霊　テレビ朝日の、あのー、「ちんこたち」じゃないわ。何だ？　あれ。「何とかたち」、ええ？　何が立つんだっけ？　あいつ。うん？

綾織　あ、古舘伊知郎《ふるたちいちろう》さんですか。

竹村健一守護霊　ああ。あのレベルの教養じゃ、もう話にならんだろうからさ。相手にもならんわなあ、もうほんとに。

里村　はい。そのへんは、われわれが、しっかりと〝掃除《そうじ》〟してまいります。

この本の広告代をけちってはいけない

竹村健一守護霊　今は、ちょっと受け取る人がおらんと思うけど、まあ、「大川さんがバックアップしてるらしい」っちゅうことで、今、安倍《あべ》さんも心置きなくやれてるところもあるからなあ。まあ、そういう意味での力は発揮してるのやろうけどねえ。

君らの応援《おうえん》を、もうちょっとしてやれず、阿波踊《あわおど》りぐらいしか出れんかったのが、ほんとに……。

里村　いえいえ。十分に……。

綾織　本日、こうして、お出《い》でいただきましたので。

竹村健一守護霊　まことに残念や。

綾織　本当に、ありがとうございます。

里村　今日、このような機会を頂きましたので。

竹村健一守護霊　うーん。

里村　本日は、本当にどうもありがとうございました。

竹村健一守護霊　（聴聞席《ちょうもんせき》に向かって）あのー、出版の社長はおるんかいな。ええ？　どっかにおるかい？　ああ、おらんのか。逃《に》げたか。

里村　いえいえ。きちんと伝えておきますので、大丈夫《だいじょうぶ》でございます。

竹村健一守護霊　どっかにおるか。あ、逃げたな。

里村　いえ。逃げてはおりません。

竹村健一守護霊　広告代をけちったら許さんからね。ええ？（会場笑）

里村　はい。しっかりと、それは伝えますので。

竹村健一守護霊　けちるんでないぞよ。けちったら、もう信仰心《しんこうしん》がないっちゅうことで……。

里村　はい。分かりました。

竹村健一守護霊　そらあ、もうあかんわな。もう地獄《じごく》行きや。

綾織　はい。頑張ってＰＲしてまいります。

里村　本日は、まことに……。

竹村健一守護霊　サダム・フセインと同居させたろう。な？　（二月四日にサダム・フセインの霊言を収録し、『イラク戦争は正しかったか』〔幸福の科学出版刊〕として発刊）ふんふんふん。

里村　はい。本日は、まことにありがとうございました。

竹村健一守護霊　うんうん。はいはい。

大川隆法　（手を打つ）はい。

（竹村健一守護霊に）ありがとうございました。

12　思想の力で中国を開国させよう

大川隆法　まあ、こんな人でございます。トクヴィルが出てきたのが、ちょっと驚《おどろ》きでしたね。

里村　ええ。

綾織　すごいですね。

大川隆法　（里村に）あなたも勘《かん》がいいですね。私の頭のなかに、トクヴィルの名前が浮《う》かんだときに、すぐ言ったから大したものです。そろそろ霊感《れいかん》が開《ひら》けてきたのかもしれませんね。

里村　いえいえ、とんでもないです。

最近、トクヴィルのアメリカ旅行について研究した本が出ていて、それを、ちょうど読んでいましたので。

大川隆法　そうなんですよ。私も、中国でトクヴィルの本が売れ始めているので、注目していたところでした。

里村　はい。

大川隆法　とにかく、今は中国を思想的に攻《せ》めて、「開国」させなければいけません。

幸福の科学は、言わば、〝ペリーの黒船〟です。当会の経典《きょうてん》は数多く中国語に翻訳《ほんやく》されていますが、今、私は中国語で〝大砲《たいほう》〟を撃《う》ち込《こ》んでいるのだろうと思うのです。

ペリーの役割をやっているのだと思うのです。中国を「開国」させ、文明開化をやらせなければいけません。

これは北朝鮮《きたちょうせん》も同じです。「開国」させなければいけないと思いますので、頑《がん》張《ば》りましょう。

里村　はい。頑張ってまいります。

大川隆法　これが何らかの力になるといいですね。

里村　はい。ありがとうございました。

あとがき

新しいものに次々と関心を示す、竹村式 元祖電波怪獣のあり方には、啓発されることが多かった。

しかし、その自信の根源は英語力にあることを私は見逃さなかった。おかげさまで、私も「時代を斬れる」宗教家となった。時代への影響力も姿をかえた愛なんだ、と痛感している今日この頃である。

ご長命を祈りつつ、竹村式成功術を私なりに、逆転・発展の力にかえていきたいと思う。

二〇一三年　四月二十四日

幸福《こうふく》の科学《かがく》グループ創始者兼総裁《そうししゃけんそうさい》　大川隆法《おおかわりゅうほう》

『竹村健一・逆転の成功術』大川隆法著作関連書籍

『黄金の法』（幸福の科学出版刊）
『イラク戦争は正しかったか』（同右）
『渡部昇一流・潜在意識成功法
——「どうしたら英語ができるようになるのか」とともに——』（同右）
『日下公人のスピリチュアル・メッセージ』（同右）
『幸福実現党に申し上げる——谷沢永一の霊言——』（幸福実現党刊）

※左記は書店では取り扱っておりません。最寄りの精舎・支部・拠点までお問い合わせください。
『大川隆法霊言全集 第1巻 日持の霊言／日蓮の霊言』（宗教法人幸福の科学刊）
『大川隆法霊言全集 第2巻 日蓮の霊言』（同右）
『大川隆法霊言全集 第11巻 坂本龍馬の霊言／吉田松陰の霊言／勝海舟の霊言』（同右）

竹村健一《たけむらけんいち》・逆転《ぎゃくてん》の成功術《せいこうじゅつ》

――元祖『電波怪獣』の本心独走――

2013年5月3日　初版第1刷

著　者　　大《おお》　川《かわ》　隆《りゅう》　法《ほう》

発行所　　幸福の科学出版株式会社

〒107-0052 東京都港区赤坂2丁目10番14号
TEL(03)5573-7700
http://www.irhpress.co.jp/

印刷・製本　株式会社 東京研文社

落丁・乱丁本はおとりかえいたします

ISBN978-4-86395-322-2 C0030
写真：読売新聞／アフロ

大川隆法霊言シリーズ・日本復活への提言

渡部昇一流・潜在意識成功法

「どうしたら英語ができるようになるのか」とともに

英語学の大家にして希代の評論家・渡部昇一氏の守護霊が語った「人生成功」と「英語上達」のポイント。「知的自己実現」の真髄がここにある。

1,600円

幸福実現党に申し上げる

谷沢永一の霊言

保守回帰の原動力となった幸福実現党の正論の意義を、評論家・谷沢永一氏が天上界から痛快に語る。驚愕の過去世も明らかに。

【幸福実現党刊】

1,400円

日下公人のスピリチュアル・メッセージ

現代のフランシス・ベーコンの知恵

「知は力なり」――。保守派の評論家・日下公人氏の守護霊が、いま、日本が抱える難問を鋭く分析し、日本再生の秘訣を語る。

1,400円

※表示価格は本体価格(税別)です。

大川隆法 霊言シリーズ・北朝鮮情勢を読む

守護霊インタビュー 金正恩の本心直撃！

ミサイルの発射の時期から、日米中韓への軍事戦略、中国人民解放軍との関係――。北朝鮮指導者の狙いがついに明らかになる。
【幸福実現党刊】

1,400円

北朝鮮の未来透視に挑戦する
エドガー・ケイシー リーディング

「第2次朝鮮戦争」勃発か!? 核保有国となった北朝鮮と、その挑発に乗った韓国が激突。地獄に堕ちた"建国の父"金日成の霊言も同時収録。

1,400円

長谷川慶太郎の守護霊メッセージ
緊迫する北朝鮮情勢を読む

軍事評論家・長谷川氏の守護霊が、無謀な挑発を繰り返す金正恩の胸の内を探ると同時に、アメリカ・中国・韓国・日本の動きを予測する。

1,300円

大川隆法 霊言シリーズ・日本の平和と繁栄のために

今上天皇・元首の本心 守護霊メッセージ

竹島、尖閣の領土問題から、先の大戦と歴史認識問題、そして、民主党政権等について、天皇陛下の守護霊が自らの考えを語られる。

1,600円

守護霊インタビュー 皇太子殿下に次期天皇の自覚を問う

皇室の未来について、皇太子殿下のご本心を守護霊に伺う。問題の「山折論文」についての考えから、皇位継承へのご意見、雅子さまへの思いまで。

1,400円

皇室の未来を祈って

皇太子妃・雅子さまの守護霊インタビュー

ご結婚の経緯、日本神道との関係、現在のご心境など、雅子妃の本心が語られる。日本の皇室の「末永い繁栄」を祈って編まれた一書。

1,400 円

※表示価格は本体価格（税別）です。

幸福の科学グループのご案内

宗教、教育、政治、出版などの活動を通じて、地球的ユートピアの実現を目指しています。

宗教法人　幸福の科学

一九八六年に立宗。一九九一年に宗教法人格を取得。信仰の対象は、地球系霊団の最高大霊、主エル・カンターレ。世界百カ国以上の国々に信者を持ち、全人類救済という尊い使命のもと、信者は、「愛」と「悟り」と「ユートピア建設」の教えの実践、伝道に励んでいます。

（二〇一三年四月現在）

愛

幸福の科学の「愛」とは、与える愛です。これは、仏教の慈悲《じひ》や布施《ふせ》の精神と同じことです。信者は、仏法真理をお伝えすることを通して、多くの方に幸福な人生を送っていただくための活動に励んでいます。

悟り

「悟り」とは、自らが仏の子であることを知るということです。教学《きょうがく》や精神統一によって心を磨き、智慧《ちえ》を得て悩みを解決すると共に、天使・菩薩《ぼさつ》の境地を目指し、より多くの人を救える力を身につけていきます。

ユートピア建設

私たち人間は、地上に理想世界を建設するという尊い使命を持って生まれてきています。社会の悪を押しとどめ、善を推し進めるために、信者はさまざまな活動に積極的に参加しています。

国内外の世界で貧困や災害、心の病で苦しんでいる人々に対しては、現地メンバーや支援団体と連携して、物心両面にわたり、あらゆる手段で手を差し伸べています。

年間約３万人の自殺者を減らすため、全国各地で街頭キャンペーンを展開しています。

公式サイト www.withyou-hs.net

ヘレン・ケラーを理想として活動する、ハンディキャップを持つ方とボランティアの会です。視聴覚障害者、肢体不自由な方々に仏法真理を学んでいただくための、さまざまなサポートをしています。

公式サイト www.helen-hs.net

教育

学校法人 幸福の科学学園

学校法人 幸福の科学学園は、幸福の科学の教育理念のもとにつくられた教育機関です。人間にとって最も大切な宗教教育の導入を通じて精神性を高めながら、ユートピア建設に貢献する人材輩出を目指しています。

幸福の科学学園

中学校・高等学校（那須本校）

2010年4月開校・栃木県那須郡（男女共学・全寮制）

TEL **0287-75-7777**

公式サイト **happy-science.ac.jp**

関西中学校・高等学校（関西校）

2013年4月開校・滋賀県大津市（男女共学・寮及び通学）

TEL **077-573-7774**

公式サイト **kansai.happy-science.ac.jp**

幸福の科学大学（仮称・設置認可申請予定）

2015年開学予定

TEL **03-6277-7248**（幸福の科学 大学準備室）

公式サイト **university.happy-science.jp**

仏法真理塾「サクセスNo.1」

小・中・高校生が、信仰教育を基礎にしながら、「勉強も『心の修行』と考えて学んでいます。

TEL **03-5750-0747**（東京本校）

不登校児支援スクール「ネバー・マインド」

心の面からのアプローチを重視して、不登校の子供たちを支援しています。

また、障害児支援の「**ユー・アー・エンゼル!**」運動も行っています。

TEL **03-5750-1741**

エンゼルプランV

幼少時からの心の教育を大切にして、信仰をベースにした幼児教育を行っています。

TEL **03-5750-0757**

学校からのいじめ追放を目指し、さまざまな社会提言をしています。また、各地でのシンポジウムや学校への啓発ポスター掲示等に取り組むNPO「いじめから子供を守ろう！ネットワーク」を支援しています。

公式サイト **mamoro.org**

ブログ **mamoro.blog86.fc2.com**

相談窓口 **TEL.03-5719-2170**

政治

幸福実現党

内《ない》憂《ゆう》外《がい》患《かん》の国難に立ち向かうべく、二〇〇九年五月に幸福実現党を立党しました。創立者である大川隆法党総裁の精神的指導のもと、宗教だけでは解決できない問題に取り組み、幸福を具体化するための力になっています。

党員の機関紙
「幸福実現NEWS」

TEL 03-6441-0754
公式サイト hr-party.jp

出版メディア事業

幸福の科学出版

大川隆法総裁の仏法真理の書を中心に、ビジネス、自己啓発、小説など、さまざまなジャンルの書籍・雑誌を出版しています。他にも、映画事業、文学・学術発展のための振興事業、テレビ・ラジオ番組の提供など、幸福の科学文化を広げる事業を行っています。

TEL 03-5573-7700
公式サイト irhpress.co.jp

入会のご案内

あなたも、幸福の科学に集い、
ほんとうの幸福を
見つけてみませんか？

幸福の科学では、大川隆法総裁が説く仏法真理をもとに、
「どうすれば幸福になれるのか、また、
他の人を幸福にできるのか」を学び、実践しています。

入会

大川隆法総裁の教えを信じ、学ぼうとする方なら、どなたでも入会できます。入会された方には、『入会版「正心法語」』が授与されます。（入会の奉納は1,000円目安です）

ネットでも**入会**
できます。詳しくは、
下記URLへ。
happy-science.jp/joinus

三帰《さんき》誓願《せいがん》

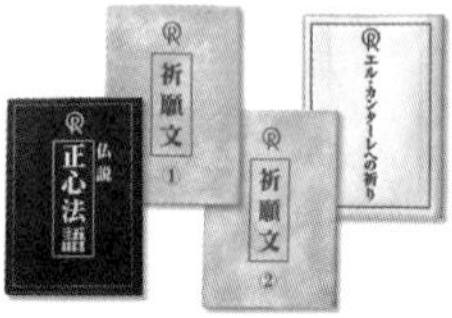

仏弟子としてさらに信仰を深めたい方は、仏・法・僧の三宝への帰依を誓う「三帰誓願式」を受けることができます。三帰誓願者には、『仏説・正心法語』『祈願文①』『祈願文②』『エル・カンターレへの祈り』が授与されます。

植福《しょくふく》の会

植福は、ユートピア建設のために、自分の富を差し出す尊い布施の行為です。布施の機会として、毎月1口1,000円からお申込みいただける、「植福の会」がございます。

「植福の会」に参加された方のうちご希望の方には、幸福の科学の小冊子（毎月1回）をお送りいたします。詳しくは、下記の電話番号までお問い合わせください。

月刊「幸福の科学」

ザ・伝道

ヤング・ブッダ

ヘルメス・エンゼルズ

INFORMATION
幸福の科学サービスセンター
TEL. 03-5793-1727（受付時間 火〜金：10〜20時／土・日：10〜18時）
宗教法人 幸福の科学 公式サイト **happy-science.jp**